MANUEL

de

Topographie Alpine

MANUEL

de

Topographie Alpine

PAR

Henri VALLOT

INGÉNIEUR DES ARTS ET MANUFACTURES

PARIS

HENRY BARRÈRE, ÉDITEUR-GÉOGRAPHE

21, RUE DU BAC, 21

—

1904

PRÉFACE

Il n'est guère de voyageurs, de touristes, d'alpinistes qui ne veuillent conserver de leurs excursions quelques souvenirs, traduits soit par un récit plus ou moins circonstancié, soit par des dessins, croquis, peintures, aquarelles, photographies, esquisses de cartes ou même levés réguliers ; souvenirs qui se transforment souvent aussi, par la rédaction, en articles de journaux, de revues scientifiques, de bulletins de sociétés spéciales ou des clubs alpins, etc.; en tableaux, en albums, voire en cartes postales illustrées, ou enfin en *cartes topographiques* plus ou moins précises, mais toujours intéressantes et utiles; c'est ainsi que se sont produites notamment (pour ne parler que des œuvres françaises) la carte du massif du Mont Blanc de Viollet-le-Duc, la carte du massif du Pelvoux de M. Henry Duhamel, les diverses cartes des Pyrénées centrales espagnoles de MM. Schrader, Wallon, de Saint-Saud, celle des Pics d'Europe par M. de Saint-Saud, les esquisses topographiques du massif du Néouvielle par MM. de Saint-Saud et Maury, et enfin la carte du massif du Mont Blanc, magistralement préparée par MM. Vallot.

C'est à cette catégorie méritoire de touristes, topographes amateurs, ou plutôt topographes non officiels, qu'est destiné le présent *Manuel*. Rédigé par un praticien émérite et possédant bien au delà des clartés nécessaires, il vient à son heure, et contient tous les enseignements et renseignements indispensables à cette classe spéciale de voyageurs, soit que ceux-ci se contentent de levés sommaires, soit qu'ils veuillent faire une étude complète et détaillée du terrain qui les intéresse.

Il est arrivé trop souvent que des personnes peu initiées à l'art de la topographie ont cru pouvoir faire de ces sortes d'études par des procédés d'aventure, sans méthode, avec des instruments trop imparfaits, et sans défense contre les illusions inévitables, et d'ailleurs parfaitement prévues ; de là le danger, entre autres, de suggérer des rectifications aux cartes existantes, *rectifications qui, trop souvent, ont dû être rejetées comme inexactes.*

Les gens de métier savent combien il est difficile, sinon impossible, de faire une revision de carte, surtout sans bons instruments appropriés ; il sera bien plus profitable pour tous, et plus satisfaisant pour l'esprit, sans qu'il en résulte beaucoup plus de peine, de faire un travail de toutes pièces.

Ce but sera parfaitement atteint en se confiant au guide sûr et expérimenté qui s'offre aujourd'hui ;

en mettant ses indications en pratique, on pourra compter sur de larges satisfactions, non seulement par la production d'œuvres utiles, fixant en un document très condensé les souvenirs toujours agréables des journées de délassement passées sur le terrain, mais encore par l'obligation où l'on se sera trouvé de fouiller ce terrain dans tous ses arcanes et d'y faire bien souvent, au point de vue scientifique ou pittoresque, des trouvailles inattendues ; et cette satisfaction sera d'autant plus complète que l'on aura davantage fait œuvre de conscience.

Paris, le 15 décembre 1903.

Lt-Colonel PRUDENT.

AVANT-PROPOS

Le Manuel que nous publions aujourd'hui a été rédigé, à la demande de la *Commission de topographie du Club alpin français*, en vue de servir de guide aux alpinistes désireux d'exécuter des levés topographiques, particulièrement dans les régions de hautes montagnes. Nos lecteurs y trouveront, nous l'espérons, des renseignements suffisants pour leur permettre de produire en toute circonstance, et quel que soit le degré de précision qu'ils désirent atteindre, des résultats *corrects*.

En décrivant les procédés connus, de même qu'en proposant ceux que l'expérience nous a suggérés, nous nous sommes constamment inspiré de l'enseignement des maîtres qui ont le plus contribué aux progrès de la topographie moderne, et notamment du savant et regretté colonel Goulier. Nous devons beaucoup aussi à son élève fidèle et convaincu, notre collègue et ami le colonel Prudent, qui, en nous aidant de sa grande expérience dans les questions cartographiques, a fait en réalité œuvre de collaborateur, comme en témoignent les nombreuses citations où l'on verra son nom revenir fréquemment.

Enfin, nous espérons avoir montré que les études de topographie alpine peuvent être entreprises et menées à bien (dans les limites, du moins, que permettent les ressources modestes et le bagage restreint dont l'alpiniste est généralement obligé de se contenter), par l'emploi de procédés simples qui, tout en donnant une précision suffisante, n'exigent de la part des opérateurs aucune connaissance mathématique spéciale, aucune notion dépassant le niveau scientifique le plus élémentaire ; il n'est pas indispensable, en effet, qu'ils dressent une carte étendue ni même qu'ils exécutent des levés complets ; ils feront œuvre utile toutes les fois que, non contents de chercher dans l'alpinisme une simple distraction, ils rapporteront, ou des fragments de levés basés sur quelques mesures, si rudimentaires soient-elles, ou même de simples documents, judicieusement recueillis ; par contre, on leur demandera de faire table rase des idées préconçues, et, sans se laisser arrêter par les difficultés du début ni décourager par quelques insuccès passagers, de travailler résolument et en conscience selon la vraie méthode scientifique qui, seule, peut assurer leur succès.

H. V.

TABLE DES MATIÈRES

MANUEL

DE

TOPOGRAPHIE ALPINE

CHAPITRE PREMIER

PRÉLIMINAIRES

I. — But de la topographie alpine.

L'existence des hautes cimes et l'attraction qu'elles exercent sont la principale raison d'être de l'alpinisme ; l'étude détaillée des grands massifs, attrayante à la fois par le caractère grandiose du sujet et par ses difficultés mêmes, doit donc être l'objectif principal de la topographie alpine, étude d'autant plus nécessaire que ces hautes régions ont été jusqu'ici et seront sans doute longtemps encore les moins favorisées par la cartographie officielle. Aussi, lorsqu'on demande aux cartes topographiques actuelles de répondre aux exigences de l'alpinisme moderne, il est aisé de constater, dans la haute montagne surtout, leur insuffisance et leurs inexactitudes ; c'est un fait qui a été reconnu depuis longtemps et consigné maintes fois dans nos publications alpines.

Dans notre pays, la Carte de France, dite de l'État-

Major, étant la plus documentée, et la seule, d'ailleurs, qui présente le caractère d'une œuvre entièrement originale, c'est toujours elle qui est mise à contribution, et, par suite, c'est sur elle surtout qu'ont porté ces constatations d'insuffisance ; mais, en la critiquant, on a trop souvent oublié ses origines, son histoire et son but. Rappelons que, dans l'Annuaire du Club alpin français pour 1879, le colonel Goulier a publié sur ce sujet une étude très instructive que nous ne saurions trop engager nos collègues alpinistes à relire avant d'entreprendre leurs recherches cartographiques. D'un autre côté, nous devons signaler un ouvrage magistral récemment publié par le Service géographique de l'Armée et dû à la plume autorisée de son directeur actuel, M. le général Berthaut (1); on y trouvera l'histoire complète et très documentée de notre grande Carte nationale, ainsi qu'un important chapitre consacré à la *revision*, sur lequel nous attirons tout particulièrement l'attention des alpinistes. Il nous suffira donc de retenir ici les conclusions suivantes, qui se dégagent des études que nous venons de citer :

1° La Carte de France, en conformité de l'ordonnance du 25 février 1821, qui modifiait les conclusions de la commission de 1817, a été établie *en vue de satisfaire seulement aux besoins militaires et administratifs.*

2° En ce qui concerne la géodésie, on peut dire que les grandes chaînes méridiennes et perpendiculaires ont été établies avec toute la précision que compor-

---

(1) *La Carte de France* (1750-1898); *Étude historique*, par le colonel Berthaut (deux volumes, imprimerie du Service géographique, 1898). Cet ouvrage est complété par un autre du même auteur, d'un caractère éminemment documentaire, intitulé : *Les ingénieurs géographes militaires* (1624-1831) (deux volumes, même imprimerie, 1902).

taient, à l'époque, les travaux d'un caractère éminemment scientifique; les triangulations subséquentes ont été faites surtout en vue de l'établissement de la Carte de France; celle complémentaire du premier ordre mérite toute confiance; celle du second ordre est suffisante pour les besoins ordinaires de la topographie. Quant aux points du troisième ordre, déterminés uniquement en vue d'appuyer les levés d'une carte à petite échelle, ils ne sauraient, sans examen préalable, servir de base à des levés précis; dans les pays de montagne, notamment, on s'est souvent contenté, pour hâter l'achèvement de l'œuvre, de déterminations sans contrôle ou d'une précision insuffisante; d'autre part, des confusions ont pu se produire sur des signaux naturels mal définis, de sorte qu'un certain nombre de ces points devraient, après vérification des calculs, être rejetés comme défectueux.

3° Sur la majeure partie du territoire, le fond de la planimétrie a été fourni par les réductions au 40 000e des tableaux d'assemblage au 10 000e des plans cadastraux des communes; les opérations subséquentes de planimétrie ne devaient comporter, en principe, qu'un complétage et, au besoin, des rectifications sur le terrain.

4° Dans les régions montagneuses, les indications du cadastre étant insuffisantes, erronées ou même nulles, presque tout le travail de planimétrie a dû être fait sur le terrain par les officiers dans le trop court espace de temps qui leur était alloué.

5° La représentation du relief résulte de l'interprétation d'un *figuré à vue*, exécuté sur le terrain par les officiers, et appuyé sur des points cotés topographiques, à raison d'un point par kilomètre carré, en moyenne.

6° Les noms de lieux, comme la planimétrie, étaient empruntés au cadastre, malgré la valeur médiocre de ce document. Dans la montagne, l'officier devait se fier aux renseignements obtenus dans le pays, renseignements souvent douteux ou mal compris, quelquefois contradictoires, et, d'autre part, il n'avait pas le temps de faire une enquête complète ; on ne doit pas oublier, d'ailleurs, que les noms de lieux s'altèrent, se transforment, émigrent même avec le temps.

7° La somme de travail exigée de chaque officier dans les pays de hautes montagnes comportant le levé complet d'environ 240 kilomètres carrés par campagne (1), cet officier ne pouvait évidemment scruter dans tous leurs détails les massifs compliqués et alors presque inaccessibles, les cirques glaciaires encore inexplorés de nos grandes chaînes alpestres, travail qui eût d'ailleurs été considéré, et avec raison, à l'époque, comme complètement dénué d'intérêt.

8° La *revision* de la Carte de France, telle qu'elle est comprise et pratiquée aujourd'hui, a pour objet de mettre cette carte au courant de l'état de choses existant au moment où on l'exécute, en ce qui concerne les voies de communications, les lieux habités, les eaux, les bois, les noms... ; mais, en général, *elle n'affecte que la planimétrie* ; on ne touche au figuré du terrain et aux cotes d'altitude qu'en cas de faute grave, ou si une retouche de ce genre est reconnue indispensable pour mettre d'accord le figuré avec la planimétrie nouvelle.

En somme, si la Carte de France, faute de personnel

______

(1) *Cours de topographie*, par A. LEHAGRE, II° partie, p. 209.

et de crédits suffisants, n'a pu être exécutée conformément aux décisions de la commission de 1817, on peut
dire qu'elle a largement atteint le but que lui assignait
l'ordonnance de 1824. Sans doute, elle contient des
imperfections nombreuses ; mais ces imperfections sont
une conséquence inévitable des procédés expéditifs
dont on a dû se contenter pour aller vite et ne pas éter-
niser une œuvre déjà retardée par des débuts difficiles
et qui a demandé un demi-siècle de travail.

Telle est la Carte au 80 000ᵉ. Ce dont il faut, surtout, se bien persuader, c'est qu'elle forme un ensemble,
un tout d'une parfaite ordonnance, mais par cela
même très difficilement modifiable et perfectible.
L'échelle est trop petite, le figuré dans la montagne
trop incertain, les points topographiques cotés trop
clairsemés et trop peu précis, pour qu'on puisse jamais
espérer d'adapter cette carte aux besoins de l'alpinisme
moderne. D'ailleurs le pourrait-on, que ce serait là
un travail d'une difficulté extrême que d'habiles profes-
sionnels seraient seuls en mesure d'entreprendre.

L'alpiniste topographe n'a donc point à se faire d'illusions. Ce n'est ni par la *revision*, ni par la *correction* de
la Carte au 80 000ᵉ qu'il arrivera à établir une œuvre
définitive. S'il veut une carte exacte de la haute
montagne, il faut qu'il la dresse lui-même en faisant
table rase des cartes existantes ; s'il veut arriver à la
vérité d'expression orographique, il faut qu'il dessine à
nouveau et correctement les formes naturelles ; s'il
veut donner satisfaction aux exigences de l'alpinisme
en même temps qu'à la géologie et à la glaciologie, il
faut qu'il s'astreigne à exécuter sur le terrain des opérations nouvelles, suffisamment précises, convenable-

ment vérifiées et s'appuyant sur des bases certaines. Ce n'est pas à dire que les nombreuses incorrections des cartes existantes signalées par les alpinistes soient sans utilité et sans valeur; mais leur valeur ne peut être que relative et leur utilité limitée à celle de reconnaissances qui serviront d'introduction au travail définitif; le moment semble venu où celui-ci peut être entrepris avec quelques chances de succès.

II. — Caractères généraux de la topographie alpine.

Le programme qui s'impose est donc celui d'une *réfection* et non d'une *revision*. Assurément, la tâche serait ardue, si elle devait être abordée de front, dans son ensemble, et intégralement remplie du premier coup ; mais, en étudiant le problème de plus près, on y entrevoit aisément certaines simplifications.

En premier lieu, en dehors du canevas trigonométrique, rien ne s'oppose à ce que les levés de haute montagne soient fractionnés par parties, en s'appliquant à des régions aussi limitées qu'on le voudra, formant ainsi une série d'*études locales* qui plus tard pourront se rejoindre en se complétant.

En second lieu, le projet de canevas et le travail de reconnaissance qui doivent précéder toute opération sur le terrain se trouvent singulièrement facilités, d'abord par l'existence même de la Carte de l'État-Major, ensuite par les nombreuses descriptions et monographies de massifs montagneux déjà publiées ; ces utiles documents fourniront aux topographes une aide précieuse en leur évitant beaucoup de mécomptes dans l'établissement des stations, en montrant les dispositions les plus favorables à prendre pour les levés, et en aidant à l'identification des points.

Enfin, comme nous allons le montrer, le but peut être atteint en deux phases successives, par une sorte de *division du travail* qui aurait l'avantage d'admettre la coopération de toutes les bonnes volontés. Dans la première phase, on établirait un *canevas* suffisamment serré définissant, dans ses grandes lignes, le *système oro-hydrographique* de la région étudiée ; dans la seconde phase, on remplirait les vides par des *complétages*, pour arriver graduellement à la représentation topographique de cette région.

De cette manière, chacun trouverait, suivant ses moyens, l'emploi raisonné de ses aptitudes spéciales : l'alpiniste géodésien, au moyen de son théodolite, comblera les vides de la triangulation existante ; l'alpiniste topographe, muni de la planchette, y intercalera les mailles serrées du canevas graphique ; celui qui s'intéresse à la géographie physique ou à la glaciologie étudiera en détail les formes du terrain ou les contours glaciaires ; l'alpiniste photographe rapportera de précieux documents pour la représentation des rochers inaccessibles et des grands versants ; le simple touriste pourra fournir une importante contribution au levé du détail par ses itinéraires déclinés, nivelés au baromètre ; enfin le grimpeur, parcourant les hautes cimes, muni d'instruments de poche, fixera dans leurs détails les directions des crêtes et leurs relations vraies avec les arêtes secondaires et les glaciers.

Mais ce groupement des capacités, cette convergence des efforts vers un but commun doivent être conçus suivant un plan rationnel pour produire un résultat efficace ; voici, semble-t-il, d'après quelles considérations ce plan pourrait être établi.

Dans les pays de hautes montagnes on peut considérer l'ensemble des lignes de faîtes, des arêtes principales et secondaires, comme constituant ce qu'on appelle la *charpente*, le *squelette* ou *l'ossature* d'un massif ; or, ces arêtes étant jalonnées par leurs points culminants et les dépressions qui les séparent, si l'on commence par déterminer les positions vraies des cimes et des cols, on obtiendra déjà une définition assez exacte du *système orographique* de la région étudiée, et du même coup on déterminera une série de points de repère formant la première partie du canevas nécessaire aux opérations ultérieures du complétage.

Toutefois, la définition d'un massif montagneux par ses lignes de faîte serait insuffisante et incomplète, si l'on n'y joignait celle du *système hydrographique* formé par l'ensemble des thalwegs qui le sillonnent ; on s'attachera donc à fixer dans ceux-ci, et particulièrement dans les grandes vallées, le plus possible de points de repère qui viendront ainsi, en s'adjoignant aux premiers, compléter le canevas sur lequel devront s'appuyer les levés topographiques de détail.

A ce double résultat (définition oro-hydrographique et constitution d'un canevas) viendra s'ajouter un avantage d'ordre pratique : la détermination de points isolés étant beaucoup plus aisée que la représentation complète des formes orographiques, le genre de travail à exécuter dès le début sera mis en harmonie avec les aptitudes initiales des alpinistes, qui trouveront ainsi dans la réalisation d'une conception simple et dans l'emploi de procédés faciles un champ d'études attrayant, en même temps qu'une initiation fructueuse aux procédés topographiques plus compliqués.

Telle est la première partie du programme dont la réalisation conduirait à ce qu'on pourrait appeler : la *description géométrique de la haute montagne*, et donnerait déjà une première et importante satisfaction aux besoins cartographiques de l'alpinisme. Quant aux espaces laissés vides entre les *lignes caractéristiques* ainsi définies, ils pourraient être progressivement remplis au moyen des divers procédés de levés appropriés ; ce travail de remplissage serait plus ou moins sommaire ou complet suivant les cas, suivant les difficultés locales, suivant les aptitudes des opérateurs ou le temps dont ils disp. sent, mais ils trouveraient toujours dans le canevas une assiette solide et sûre qui ne leur permettrait jamais de s'écarter sensiblement de la vérité.

III. — Des qualités nécessaires a tout travail topographique.

La topographie, s'appuyant sur la géodésie, procède toujours de l'ensemble au détail ; c'est le seul moyen de maintenir les erreurs dans des limites déterminées et acceptables.

Les *erreurs* sont le résultat inévitable de l'imperfection des sens de l'observateur et des instruments qu'il emploie ; les *fautes* sont dues aux inadvertances de l'opérateur. En topographie, surtout dans les opérations de détail, les fautes grossières sont beaucoup plus à redouter que l'accumulation des petites erreurs ; un topographe avisé ne doit assurément pas négliger de réduire les erreurs autant que possible, mais il doit surtout s'attacher à éviter les fautes, et, plus encore, s'organiser de façon à ne jamais laisser passer inaperçues celles qu'il aurait pu commettre ; il doit attacher autant d'importance aux *vérifications* qu'aux opérations elles-mêmes, et ne pas se contenter de ces vérifications illusoires qui, derrière une exactitude apparente, peuvent masquer des fautes grossières ; quant aux opérations dont le contrôle est impossible, elles restent toujours suspectes. La meilleure garantie contre les fautes, c'est l'ordre, le soin, le calme, apportés par l'opérateur aux observations et aux calculs.

En topographie on n'improvise pas : quel que soit le genre du travail à exécuter, il doit être conçu *avec méthode* et exécuté *avec conscience*; suivant un mot souvent cité, « la topographie est une école d'honnêteté ». La conscience doit être la qualité dominante du topographe ; on ne saurait trop insister sur une condition qui est peut-être plus difficile à remplir qu'on ne le croit, parce que l'acception du mot est moins étroite qu'on ne serait tenté de le supposer de prime abord.

Le topographe qui débute devrait avant tout se bien pénétrer des méthodes et procédés topographiques, étudier les propriétés et le maniement des instruments les mieux conçus en vue de la mise en œuvre de ces procédés sur le terrain, passer ensuite aux applications en s'exerçant tout d'abord aux levés précis et à grande échelle qui sont les plus simples, puis aborder progressivement les levés expédiés à petite échelle, et enfin les levés de reconnaissance avec représentation à vue, qui sont de beaucoup les plus difficiles (1). Quant à la revision des cartes existantes, s'il veut nous en croire, il n'en fera jamais; tout au plus devra-t-il signaler les points qu'il estime douteux. Sans doute, les circonstances ne permettront pas à tous les alpinistes de suivre pour leur instruction cette marche rationnelle; ils n'oublieront pas cependant que plus ils s'en rapprocheront, plus ils accroîtront leurs chances de succès.

Contrairement à ce qu'on pourrait croire, les *méthodes* topographiques, fondées sur des principes qui ont à la fois leur raison d'être théorique et la sanction de l'expérience, n'ont pas changé depuis plus d'un demi-siècle : ce sont les *moyens* d'application qui ont varié en se pliant aux circonstances locales, et les instruments qui ont progressé en utilisant les ressources nouvelles de la science.

C'est une tendance naturelle à l'homme que de s'illusionner sur la valeur de ses propres résultats; le topographe, pour réagir contre cette tendance, doit s'employer à se vérifier constamment lui-même, et, de même que le sage, n'accepter comme définitifs que des résultats dûment contrôlés. D'ailleurs, le terrain est toujours là, témoin impassible, muet et accusateur à la fois, qui tôt ou tard révèlera les *à peu près* et les *coups-de-pouce* dont se seront contentés des topographes indulgents pour leurs propres travaux, « des gens à conscience élastique », comme a dit le colonel Goulier (2).

(1) Ainsi en est-il de l'éducation des dessinateurs d'art, qui n'arrivent à faire correctement un croquis qu'après des exercices de dessins très précis et détaillés.

(2) *Coup d'œil sur la topographie et sur les formes du terrain*, page 11 (Metz, 1868). La plupart des idées émises dans ce paragraphe nous ont été, du reste, suggérées par le colonel Goulier ou ses successeurs.

CHAPITRE II

DESCRIPTION ET USAGE DES INSTRUMENTS

I. — Choix des instruments de topographie alpine.

Les instruments employés par les alpinistes pour les levés en haute montagne doivent être simples, légers, peu encombrants, et, autant que possible, peu coûteux. A ces différents points de vue, ce sont surtout les instruments et procédés *goniographiques* qui conviennent pour la planimétrie, et ceux de nivellement par les pentes pour l'altimétrie; ils rentrent tous dans les deux catégories ci-après; nous en donnons d'abord l'énumération, que nous faisons suivre de la description de ceux d'entre eux qui exigent certaines explications détaillées (1); quant aux autres, leur description et leur usage trouveront place dans le chapitre IV.

1º *Instruments de levés topographiques.*

La *règle à éclimètre du colonel Goulier* est, par excel-

(1) La plupart de ces instruments ont été imaginés ou perfectionnés par le colonel Goulier, et décrits sommairement par lui dans une brochure intitulée : *Notices sur les objets exposés par le Dépôt des fortifications à l'Exposition universelle de 1878.* Au fur et à mesure de la description nous donnerons autant que possible, comme le fit autrefois le colonel Goulier, les noms et adresses des constructeurs auxquels nous avons le plus habituellement recours, et aussi, *mais à titre de simple renseignement,* les prix des instruments; il est bien entendu que ces indications ne sont nullement limitatives, et ne sont données ici que dans l'intérêt de nos collègues et dans le but de faciliter leurs recherches. Plusieurs de ces prix ont été établis spécialement pour les membres du Club alpin français.

lence, l'instrument des levés de topographie alpine ; la visée y est toujours commode et précise ; comparé à l'alidade nivelatrice, il est un peu plus lourd et volumineux, sans être cependant encombrant ; il est aussi plus délicat, et son maniement exige du soin et des précautions.

L'*alidade nivelatrice*, perfectionnée par le colonel Goulier, est un instrument de poche, simple, robuste, très léger, très peu volumineux ; par contre, la visée y est moins commode que dans la règle à éclimètre, et l'approximation qu'il donne est environ quatre fois moindre ; en haute montagne, l'alidade doit être *à rallonges* ; il a été reconnu, toutefois, qu'elle est alors d'un maniement plus compliqué que l'alidade simple.

La *planchette avec support fixe* accompagne obligatoirement l'alidade ; elle doit être légère, et de dimensions aussi réduites que le permet le genre de levé à exécuter. On lui adjoint un *déclinatoire*, dans le cas des levés de détail.

Le *support* est un pied à trois branches doubles, qui doit être suffisamment rigide et stable, en même temps que léger et peu encombrant. Dans le cas où l'on emploie la photographie, la tête du pied doit être combinée pour servir indifféremment de support à la chambre noire et à la planchette.

L'*appareil photographique* n'est pas spécial ; cependant, si l'on veut que les épreuves qu'il fournit puissent être utilisées pour des constructions géométriques régulières, il faut que l'appareil soit sur support fixe, et satisfasse à certaines conditions, qui seront énumérées plus loin.

Il convient d'ajouter aux instruments de levés le

ruban d'acier employé sous forme de roulette décamétrique; il peut être utile pour la mesure précise de petites bases, ou pour la vérification stadimétrique de la règle à éclimètre.

2° *Instruments de reconnaissance.*

La *planchette sans support fixe* s'emploie sous diverses formes : carton-portefeuille à bretelle, planchette ou carton tenu à la main, cartable d'orientation, enfin simple carnet ou bloc-notes, chacun de ces modèles étant *décliné*, c'est-à-dire muni d'un petit déclinatoire ou de la *boussole-écrou* du colonel Prudent.

La *boussole à main* (Hossard ou Goulier) peut être employée dans certaines circonstances; toutefois, les instruments goniométriques ne sont guère à conseiller, car leurs résultats ne peuvent pas être aisément contrôlés sur le terrain; ils rendront toujours moins de services que ceux goniographiques.

Le *clisimètre à collimateur* du colonel Goulier est un instrument construit commercialement depuis peu de temps; d'un volume assez réduit pour être porté dans le gousset, il est extrêmement commode pour mesurer rapidement les pentes jusqu'à 80 p. 100.

Le *baromètre anéroïde* est utilisé pour les nivellements d'itinéraires, mais à la condition d'être employé comme instrument *d'interpolation*, et seulement pour l'obtention d'altitudes d'importance secondaire.

On peut faire également rentrer dans la catégorie des instruments de reconnaissance les appareils photographiques *tenus à la main*.

Lorsqu'on veut faire la reconnaissance détaillée d'un

massif, particulièrement des hautes cimes, il est bon de se munir d'une *jumelle* ou d'une *longue-vue* d'un grossissement suffisant. La *longue-vue stadimétrique* du colonel Goulier peut rendre service dans certains cas particuliers.

II. — RÈGLE A ÉCLIMÈTRE.

Description et usage.

La *règle à éclimètre* est essentiellement constituée par un petit éclimètre à lunette, monté sur une alidade en bois qui est en même temps une *règle logarithmique* (1).

L'*éclimètre* proprement dit (fig. 1) est composé de

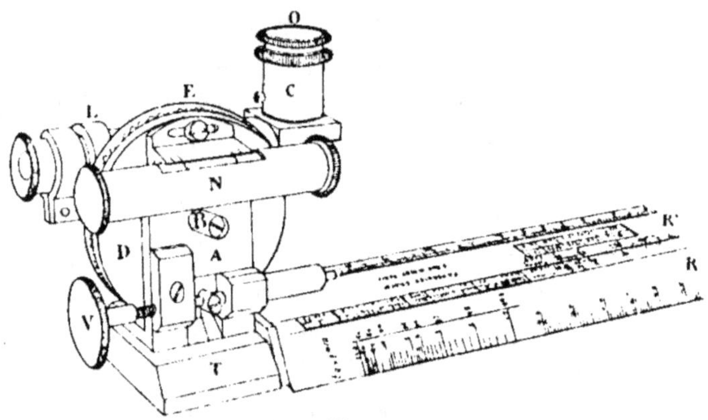

Fig. 1.

trois parties principales : 1° une pièce d'équerre A vissée

(1) La règle à éclimètre, avec étui et accessoires, est construite par Tavernier-Gravet, 19, rue Mayet, au prix de 160 francs; poids de la règle à éclimètre seule, 400 grammes, avec étui et accessoires, 1200 grammes. Voir p. 21 les éléments relatifs à la règle à éclimètre avec étui simplifié.

sur le talon T de la réglette R' d'une *règle-alidade* R et portant un axe de rotation B ; 2° un *disque* vertical D susceptible de prendre autour de cet axe un léger mouvement de bascule, par le jeu d'une vis de rappel ou de *calage* V ; ce disque porte le niveau à bulle d'air ou *nivelle* (1) à fiole allongée N ; 3° enfin, un *limbe* E, portant 80 dents sur sa face intérieure et maintenu contre le disque par l'action d'un ressort central, mais que l'on peut faire tourner à la main d'un angle plus ou moins considérable, après avoir dégagé les dents entre lesquelles pénètrent trois autres dents ou *ergots* faisant partie du disque, ce qui assure le centrage du limbe (2) ; celui-ci porte la lunette coudée L, disposée de telle façon qu'on regarde dans l'oculaire O de haut en bas (3), les rayons visuels étant réfléchis à angle droit sur la face hypoténuse d'un prisme isocèle rectangle. Chaque dent du limbe correspond à un angle de 5 grades ; la chiffraison est faite de 10 en 10 grades ; la limite des inclinaisons mesurables au-dessus et au-

(1) Le colonel Goulier a désigné, sous le nom générique de *nivelle*, l'ensemble de la fiole et de la monture d'un niveau à bulle d'air.

(2) On saisit la monture de la nivelle de la main gauche, le corps de la lunette entre le pouce et l'index de la main droite, et l'on tire sur le ressort, *modérément*, mais assez pour empêcher le *bruit de crécelle* ; on devra ensuite s'assurer, en pinçant fortement ensemble le disque et le limbe pour établir leurs contacts, que les ergots reposent bien au fond des entailles du limbe ; si cette condition n'était pas remplie, il pourrait en résulter de graves erreurs, aussi bien sur les directions que sur les angles d'inclinaison ; les surfaces des dentures doivent toujours être maintenues propres et à l'abri de la poussière ; on pourrait, au besoin, les nettoyer avec un peu de pétrole, après avoir dévissé la vis centrale, retiré le ressort et séparé les deux pièces ; on remettra le tout en place avec soin, et on serrera la vis à fond.

(3) Cette disposition est extrêmement commode pour l'opérateur qui, même pour les visées très inclinées, conserve toujours la position du corps la plus naturelle, la moins fatigante, et, en même temps, celle qui convient le mieux pour le dessin sur la planchette.

dessous de l'horizon est de 50 et 60 grades respectivement.

La *visée* d'un objet exige que l'oculaire soit *mis au point*; ce résultat s'obtient en dirigeant la lunette sur un objet éloigné et tournant l'oculaire entre les doigts jusqu'à ce que l'image de cet objet apparaisse bien nette; dans ce mouvement de rotation, une rainure hélicoïdale oblige le coulant porte-oculaire C à monter ou à descendre; si l'instrument est bien réglé, il n'y a pas d'autre opération à faire pour effectuer la mise au point.

Avant de tracer une direction, il faut d'abord rendre la planchette horizontale, ce qu'on obtient en déplaçant, soit d'avant en arrière, soit de droite à gauche, *l'une* des branches du pied de manière à amener à peu près au centre de la fiole la bulle de la nivelle sphérique dont est munie la règle-alidade. On amène ensuite celle-ci dans la position voulue en la faisant mouvoir jusqu'à ce que l'on constate, en regardant dans l'oculaire, que le trait vertical qui traverse diamétralement le *tableau micrométrique* de la lunette (fig. 2) arrive à *bissecter* l'objet visé. On trace alors la direction le long de l'un des biseaux de la règle (1).

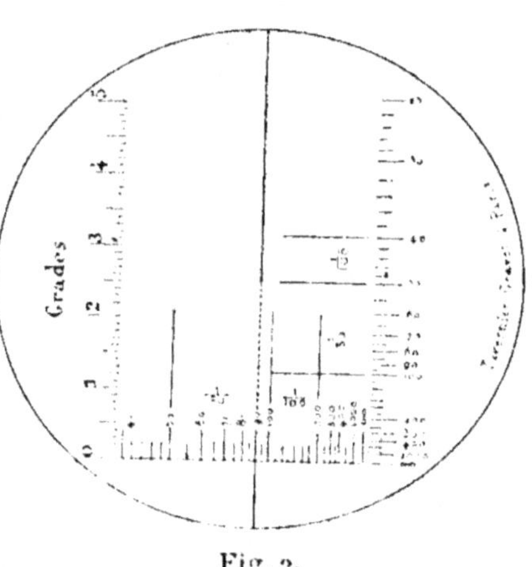

Fig. 2.

---

(1) Le trait ainsi tracé n'est pas rigoureusement parallèle au plan vertical qui contient la ligne de visée : mais ce défaut de parallélisme,

En général, le trait qui représente une direction doit passer par un point donné du dessin; on plante en ce point une fine épingle en acier (1) contre laquelle on appuie le biseau de la règle; le trait de crayon doit aboutir *exactement* au centre de l'épingle. Il peut arriver qu'une visée très plongeante oblige à amener l'éclimètre au bord de la planchette; d'autre part, la règle peut n'être pas assez longue pour atteindre dans cette position le point par lequel son biseau doit passer; on fera alors sortir la réglette de la règle, mais seulement de la quantité nécessaire.

Pour mesurer l'inclinaison de la ligne de visée, on place l'alidade dans la position la plus commode sur la planchette, et on l'oriente de manière à amener l'image de l'objet sur l'échelle du tableau micrométrique intitulée *grades* (cette échelle est divisée en 5 grades et chiffrée; chaque grade est subdivisé en 10 décigrades). On *cale* le niveau, c'est-à-dire qu'on amène entre ses repères la bulle de la nivelle à fiole allongée, en agissant sur la vis de calage. Ensuite, *sans toucher à l'instrument*, on fait sur le limbe, en face de la *dent-arrêt* munie d'une flèche, la lecture du nombre entier de 5 grades compris dans l'inclinaison; enfin dans la lunette, en regard de l'objet visé, on fait une seconde lecture donnant l'*appoint*, c'est-à-dire le nombre de grades et de centigrades (par estime) à ajouter à la première lecture pour avoir la valeur de l'inclinaison. On remar-

ou de *collimation*, est sans aucune influence sur l'exactitude des angles que font les directions entre elles, parce que l'erreur de collimation est identique pour toutes les visées et pour le même instrument.

(1) On choisit une aiguille à coudre de la grosseur voulue, et on y adapte une tête de cire à cacheter d'environ 1 centimètre de diamètre; on protège l'aiguille en la piquant dans un bouchon.

quera que, pour éviter les chances de fautes qui pourraient résulter de l'emploi d'angles négatifs, les angles *au-dessus* de l'horizon sont chiffrés 10, 20, 30... et ceux *au-dessous*, 90, 80, 70... De cette façon, la lecture donne pour une visée ascendante l'inclinaison au-dessus de l'horizon, et pour une visée descendante, *le complément* à 100 grades de cette inclinaison; la lecture de l'appoint est toujours *à ajouter* à celle du limbe et la confusion n'est pas possible.

Exemple : 1° Limbe, 5 grades; appoint, $2^g,16$; lecture, $7^g,16$. — 2° Limbe, 90 grades; appoint, $3^g,47$; lecture, $93^g,47$; l'inclinaison correspondant à cette dernière lecture serait $100^g — 93^g,47 = 6^g,53$ *au-dessous* de l'horizon ou $— 6^g,53$.

On ne devra jamais oublier de rectifier le *calage* de la nivelle *immédiatement* avant chaque lecture d'inclinaison.

Le tableau micrométrique de la lunette contient deux autres échelles divisées en parties inégales; l'une, verticale, porte des traits depuis 25 jusqu'à l'infini ∞; l'autre, horizontale, reproduit les mêmes traits commençant seulement à la division 40; ce sont des échelles *stadimétriques*. Si l'on fait coïncider avec le trait ∞ l'image de l'un des voyants d'une mire de 2 mètres tenue perpendiculairement à la ligne de visée, l'image du second voyant marquera sur l'échelle correspondante la distance *inclinée* de l'instrument à la mire (1).

---

(1) Pour construire le point, il faut connaître la *projection horizontale* de cette distance; on l'obtient, soit au moyen du compas et de l'échelle de réduction dont l'instrument est muni, soit au moyen du calcul à la règle; nous préférons de beaucoup ce dernier procédé, qui est plus commode et plus rapide, et permet d'alléger l'étui de l'instrument du poids de l'échelle métallique et du compas.

Cette opération s'effectue à l'aide du *jalon-mire* (fig. 3), sorte de règle en bois de 2^m,50 de longueur, garnie d'une pique en fer qui permet, au besoin, de la fixer dans le sol. Cette règle porte trois voyants dont les deux extrêmes sont maintenus à la distance invariable de 2 mètres, et celui médian, d'une dimension et d'une couleur différentes, peut être fixé à la hauteur de l'instrument au-dessus du sol ; c'est ce dernier que l'on vise pour mesurer l'inclinaison parallèlement au sol, ce qui dispense de tenir compte de la hauteur de planchette. Dans la position normale du jalon-mire, la pique est en l'air et le talon repose sur le sol.

Le jalon est muni d'un *viseur* au travers duquel l'aide doit apercevoir la planchette de l'opérateur, ce qui l'oblige à tenir la règle dans une direction exactement perpendiculaire à la ligne de visée. Le jalon-mire peut être tenu horizontalement, si les circonstances y obligent (1).

Fig. 3.

On voit encore, sur le tableau micrométrique, des traits parallèles qui sous-tendent entre eux des angles de 1/100 et 1/50, conformément à la mention dont ils sont accompagnés, et qui peuvent servir à dé-

(1) Le jalon-mire est construit par H. Portier, 38, rue de la Verrerie ; son prix, avec les trois voyants et le viseur, est de 15 francs ; son poids, de 2^kg,100. Pour la montagne il convient qu'il soit à charnière. On peut faire une mire improvisée avec une latte sur laquelle on cloue deux morceaux de carton à l'écartement de 2 mètres et un troisième en diagonale, à 1^m,20 environ au-dessus du pied de la latte. Enfin, pour alléger le bagage, nous avons employé quelquefois un jalon-mire dont la règle est constituée, comme les cannes à pêche, par des morceaux de bambou renforcés par des viroles en laiton, et emboîtés les uns dans les autres ; les voyants sont en carton.

terminer les distances au moyen de mires ou *stadia* divisées en parties égales.

On remise la règle à éclimètre dans un *étui* que l'on fixe sous la planchette au moyen de trois vis à tête moletée, conformément à l'instruction collée derrière son couvercle. Cet étui contient en outre divers objets utiles au topographe. « Certains opérateurs, surtout dans les terrains accidentés, préfèrent à l'étui dont il vient d'être question un fourreau en cuir, suspendu à un ceinturon, comme celui d'un revolver » (1).

Nous renvoyons au chapitre V (Calculs du nivellement topographique, p. 120), l'usage des échelles logarithmiques de la règle à éclimètre.

Vérification et réglage.

Avant de se servir de l'éclimètre, il est nécessaire de lui faire subir plusieurs sortes de vérifications :

1º L'oculaire étant mis au point sur un objet éloigné, les divisions micrométriques devront apparaître *très nettes;* un léger déplacement de l'œil ne devra pas faire varier leur position par rapport à l'image de l'objet.

2º Pour vérifier l'*angle micrométrique,* on installe l'instrument sur un sol sensiblement horizontal, et l'on

(1) Colonel GOULIER, *Études sur les levers topométriques, et en particulier sur la tachéométrie,* p. 473 (Gauthier-Villars, 1892). Ce modèle n'a pas été, que nous sachions, commercialement réalisé; mais on peut aisément réduire le poids de l'étui de 800 à 500 grammes, en le construisant en bois léger, et en le soulageant des accessoires dont certains sont inutiles à l'alpiniste, tandis que d'autres font double emploi avec ceux dont il est toujours muni. La maison Tavernier-Gravet a établi, sur notre demande, un modèle d'étui simplifié; la règle à éclimètre, avec cet étui, est vendue 140 francs (prix spécial pour les membres du Club alpin français), et son poids est réduit à 900 grammes.

chaîne *exactement*, en avant du *centre* de l'éclimètre, une distance de 25^m,53. On fixe bien verticalement, au point ainsi déterminé, le jalon-mire ou une règle portant deux voyants à l'écartement exact de 2 mètres. On amène l'échelle *grades* sur l'image de la mire, de façon que le centre du voyant inférieur se projette exactement sur le trait zéro de l'échelle; le centre du voyant supérieur devra alors coïncider avec le trait 5 de cette échelle.

Pour tenir compte de ce que l'oculaire n'est bien au point que pour des distances supérieures à 30 mètres, il est préférable d'opérer sur un angle de 4 grades et sur une distance de 31^m,90. Enfin on peut aussi se servir des traits ∞ et 30 de l'échelle stadimétrique, en chaînant dans les mêmes conditions une distance de 30^m,08.

Dans le cas où l'une de ces deux vérifications donnerait un résultat défectueux, l'instrument devrait être renvoyé au constructeur qui remédiera au défaut signalé (1).

3º Lorsque le niveau de l'éclimètre est *calé*, c'est-à-dire lorsque la bulle de la nivelle est exactement entre ses repères, la ligne de visée 0 grade doit être rigoureusement horizontale; voici comment on peut constater ce fait: l'instrument étant installé au-dessus d'un

---

(1) Le réglage simultané de l'angle micrométrique et de la mise au point du réticule est très délicat. L'objectif est double ; les coulants qui portent ses deux lentilles sont rendus solidaires entre eux et avec le corps de la lunette par des colliers à vis dont le serrage demande une main exercée; l'écartement des lentilles règle l'angle micrométrique; leur distance au réticule règle la mise au point; les tâtonnements nécessaires pour ce double réglage exigent des soins minutieux. D'ailleurs, un *réglage bien fait est permanent*, mais il faut veiller à ce que jamais la lunette ne puisse être choquée, particulièrement du côté de l'objectif, et notamment prendre soin de pousser l'instrument *bien à fond* dans son étui. (Suivre les *instructions* imprimées et collées sur diverses parties de l'instrument.)

point A (un piquet, une pierre), on dispose le centre du voyant d'une mire *exactement* à la hauteur à laquelle se trouve la lunette de l'éclimètre au-dessus de A ; on fait placer cette mire en un point B distant de A de 100 mètres au moins, et suivant une direction à peu près horizontale. On cale exactement la nivelle, et on lit avec soin l'inclinaison correspondant au centre du voyant : c'est la visée *directe* ; puis transportant l'instrument en B, on déplace le voyant de la mire pour le mettre à la hauteur de la lunette au-dessus de B, et on fait porter cette mire en A ; on fait alors une visée *inverse* sur le voyant de la mire ; cette seconde lecture doit être *complémentaire* de la première ; si la première a été $2^G,73$, la seconde doit être $100^G — 2^G,73 = 97^G,27$. Si cette seconde lecture était, par exemple, $97^G,23$, c'est-à-dire trop faible de $0^G,04$, l'éclimètre serait affecté d'une *erreur de collimation* égale à la moitié de la différence, soit $0^G,02$; il conviendrait alors de corriger toutes les lectures de $0^G,02$ dans le sens convenable ; ainsi les deux lectures faites ci-dessus deviendraient après correction $2^G,75$ et $97^G,25$. C'est ainsi qu'il faut agir lorsque l'erreur de collimation ne dépasse pas 1' ou 2' ; si elle est plus considérable, il faut régler le niveau de la façon suivante : l'instrument étant en B, on agit sur la vis de calage de façon à lire $97^G,27$; la bulle de la nivelle ne se trouvant plus entre ses repères, on déplacera, en desserrant la vis qui la maintient, l'échelle qui porte ces repères de la moitié de la différence constatée. Une contre-épreuve sera nécessaire pour s'assurer que la rectification de la nivelle est suffisante.

D'ailleurs, l'expérience démontre que c'est de l'*ensemble des visées réciproques* de station à station que l'on doit conclure l'*erreur moyenne de collimation* ; elle sera obtenue ainsi avec beaucoup plus de sûreté que par une expérience faite à courte distance, quelque soin qu'on y apporte.

Il est à remarquer que lorsqu'on opère, comme dans le cheminement des levés précis, par visées directes et inverses, la moyenne des deux résultats obtenus annule l'erreur de collimation.

III. — ALIDADE NIVELATRICE.

L'alidade nivelatrice (fig. 4) se compose d'une règle en buis R dans laquelle est encastrée une nivelle à bulle d'air N, et qui est munie de deux excentriques de

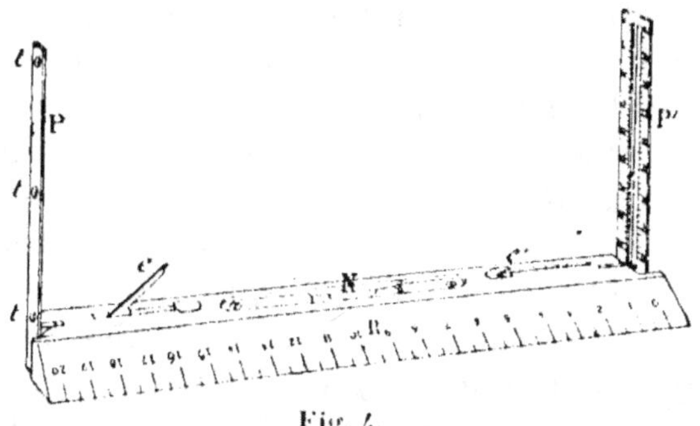

Fig. 4.

calage *cc'* permettant d'assurer son horizontalité. Aux deux extrémités sont articulées deux pinnules en métal P, P' ; l'une porte trois œilletons *l, l, l*, l'autre, une fenêtre longitudinale munie d'un crin ; chacun des bords intérieurs de la fenêtre porte une division en parties égales ; le zéro est en bas pour celle de droite et en haut pour celle de gauche, et les chiffraisons vont en sens inverse. La règle est pourvue d'un biseau sur lequel est gravée une échelle divisée en millimètres ; en dessous de cette règle est collée une instruction.

Pour tracer une direction le long du biseau de la règle, on vise généralement au moyen de l'œilleton médian et du crin. Pour déterminer la pente de la ligne de visée, on amène la bulle entre les repères de la fiole par un mouvement convenable des excentriques, puis on dispose l'instrument de façon que, en visant, suivant le cas, par l'œilleton du bas ou celui du haut, l'objet paraisse contigu aux divisions de l'échelle de droite ou de celle de gauche. La lecture donne *en centièmes* et (avec appréciation des dixièmes de divisions), *en millièmes*, l'inclinaison de la ligne de visée, ascendante dans le premier cas, et descendante dans le second.

La limite d'inclinaison que permet de mesurer l'alidade nivelatrice *simple* est de 40 p. 100. Un autre modèle, dans lequel la pinnule oculaire est munie d'une *rallonge*, permet de mesurer les inclinaisons jusqu'à 70 p. 100 ; celles descendantes s'obtiennent au moyen d'un des œilletons de la rallonge et d'une double graduation de la pinnule antérieure ; celles ascendantes, au moyen d'un œilleton spécial percé au bas de cette pinnule, et d'une graduation gravée au revers de la rallonge. La manœuvre en est un peu plus compliquée que celle de l'alidade simple (1).

Si la nivelle de l'alidade nivelatrice est convenablement réglée, la bulle doit être entre ses repères lorsque

(1) L'alidade nivelatrice se trouve chez divers constructeurs, notamment chez Thomas, 175, rue Saint-Honoré, ou chez Tavernier-Gravet, 19, rue Mayet ; le prix est de 25 francs pour le modèle simple, et de 30 francs pour le modèle à rallonge ; le poids de l'un et de l'autre est de 175 grammes.

la ligne de visée zéro est horizontale. Dans le cas contraire il y a une *erreur de collimation*. Pour la constater, on opère comme dans le cas de la règle à éclimètre, par visées directe et inverse ; la différence des deux lectures est égale au double de l'erreur de collimation (1) ; on peut donc calculer celle-ci et corriger toutes les lectures en conséquence. Si cette erreur dépassait notablement deux millièmes, il faudrait régler la nivelle ; pour cela on enlèverait les vis qui maintiennent la monture de la fiole, et l'on introduirait sous l'extrémité à relever de petites cales de papier jusqu'à ce que l'on obtienne l'égalité des pentes directe et inverse ; les vis doivent être resserrées à fond.

IV. — Planchette et son support.

La planchette *avec support fixe* est employée sous deux formes différentes. Dans le cas de levés entièrement exécutés sur le terrain, la planchette est de dimensions moyennes (par exemple $0^m,40 \times 0^m,50$, qui sont celles adoptées par le Génie militaire) (2). Elle est munie, en dessous, d'une platine avec logement spécial, destiné à recevoir le boulon que porte la tête du pied. Si l'on doit utiliser comme support un pied photographique, il faut, à côté de cette platine, en faire fixer une autre avec écrou au *pas du congrès* (3).

(1) Ce serait la *somme* des deux lectures, dans le cas où l'erreur de collimation serait supérieure à la pente de la ligne de visée.

(2) Cette planchette pèse 1500 grammes et se trouve chez Thomas au prix de 8 francs.

(3) Pas de vis de $1^{mm},5875$ et $9^{mm},52$ de diamètre extérieurement aux filets ; il est question de modifier ce pas en le réduisant à $1^{mm},5$ et en portant son diamètre à 10 millimètres pour le faire rentrer dans le système international de filetage.

La planchette est percée des trous au travers desquels doivent passer les vis qui servent à fixer l'étui de la règle à éclimètre ainsi que la boîte du *déclinatoire* (1). Ce dernier, à aiguille aimantée légère de 75 millimètres de longueur, doit être établi conformément aux prescriptions du colonel Goulier (2).

La face supérieure de la planchette, sur laquelle la feuille de papier est tendue et collée par ses bords (3), doit être protégée, pour le transport, par une *couverture* solide (4); si la planchette doit être arrimée sur le crochet d'un porteur, il convient que la couverture soit doublée intérieurement de carton ou mieux encore remplacée par un étui complet. L'opérateur doit se charger lui-même du transport de la règle à éclimètre.

Dans le cas où les opérations sur le terrain sont limitées à un enregistrement graphique de directions, la planchette est de dimensions plus réduites (par exemple 0^m,32 en carré) (5); la feuille de papier est simplement assujettie par des punaises ou un procédé analogue, et *elle est changée à chaque station*. Dans ce cas, la planchette ne porte aucun accessoire; elle pour-

---

(1) Ce déclinatoire pèse 40 grammes; il se trouve chez Thomas, chez Tavernier-Gravet, chez Bellieni (à Nancy), au prix de 7 fr. 50 à 8 francs. Nous conseillons d'assujettir la boîte du déclinatoire au moyen de *deux* vis, car une seule ne donne pas assez de garantie contre les dérangements accidentels.

(2) *Études sur les levers topométriques*, note B, p. 485 ; *Notices sur les objets exposés en 1878*, p. 32.

(3) Voir : *Préparation des planchettes dans le mode régulier*, p. 60.

(4) La couverture ordinaire en moleskine (prix : 2 fr. 50) n'est pas assez solide pour résister à un long service. On trouvera chez certains gainiers, notamment chez Ross (62, boulevard de Strasbourg), un tissu en *toile-cuir* imperméable et très résistant qui fera un excellent usage pour les enveloppes de ce genre.

(5) Voir : *Préparation des planchettes dans le mode expéditif*, p. 82 ; cette planchette se trouve chez Thomas, au prix de 7 francs, compris quatre petits boutons pour maintenir le papier ; elle pèse 500 grammes.

rait même être pliante pour être rendue plus portative.

Le support de la planchette doit être *rigide*; c'est une condition essentielle de l'exactitude des opérations; on proscrira donc l'emploi des pieds extra-légers. La *stabilité* d'un pied rigide est suffisante dans les circonstances ordinaires, mais on peut l'accroître par des moyens artificiels si l'on y est obligé par la violence du vent (1).

Le pied qui accompagne d'ordinaire la planchette de $0^m,40 \times 0^m,50$ est à trois branches doubles en chêne; il a $1^m,25$ de longueur, ce qui le rend incommode pour le transport en haute montagne; il est donc préférable qu'il soit pourvu de branches articulées (2). L'alpiniste accompagné d'une chambre noire préférera peut-être le pied photographique de campagne, à coulisses, dit *à boîte*, qui n'a que $0^m,55$ à $0^m,60$ lorsqu'il est replié; il est léger, mais moins rigide que les précédents (3).

V. — CLISIMÈTRE A COLLIMATEUR.

Le clisimètre à collimateur (fig. 5) dont l'invention est

(1) Par exemple, en suspendant au boulon qui traverse la tête du pied une grosse pierre, que l'on a soin *de laisser reposer partiellement sur le sol*. D'après notre expérience personnelle, l'emploi d'un pied très résistant et rigide, et un écartement suffisant donné aux branches, suffisent pour assurer la stabilité, du moins dans les limites au delà desquelles les objets placés sur la planchette seraient balayés par le vent.

(2) Le pied ordinaire se trouve chez Thomas, au prix de 15 francs; il pèse 2 kilogrammes; avec branches articulées il est sensiblement plus lourd et coûte 26 francs.

(3) Le pied de campagne *à boîte* se trouve chez tous les fabricants d'appareils photographiques; celui du 13×18, en noyer ou en acajou, pèse de 1 kilogramme à $1^{kg},500$, et coûte environ 20 francs.

Nous avons étudié et fait construire chez Brosset frères (22, rue des Francs-Bourgeois) un pied à *calotte sphérique*, à branches articulées, spécial pour la topographie alpine; son prix est de 45 francs; son poids, de $2^{kg},900$; il est très rigide; il a $0^m,75$ replié.

due au colonel Goulier, est un instrument de poche qui, replié sur lui-même, peut être porté aisément dans le gousset du gilet; sa longueur, quand il est replié, est de $0^m,08$, sa largeur de $0^m,04$, et son poids de 150 grammes. C'est le plus commode et le plus exact des clisimètres portatifs. Sa forme rappelle celle du *niveau-lyre* du même auteur.

Sa principale particularité est de renfermer un prisme de Stanhope formant collimateur (1); l'une des faces fait loupe, et la face opposée porte une photographie emprisonnée sous une calotte opaline; l'œil, regardant par la face antérieure du prisme, perçoit, de l'échelle photographiée, une image virtuelle placée à l'infini et qui peut, par conséquent, être vue *sans nécessiter aucune accommodation*, en même temps que les objets éloignés auxquels elle paraît superposée. Il résulte, en outre, de cette disposition, que les déplacements de l'œil ne causent aucun déplacement apparent des traits de l'échelle sur les objets éloignés. Cette échelle est établie de façon à donner les pentes en centièmes.

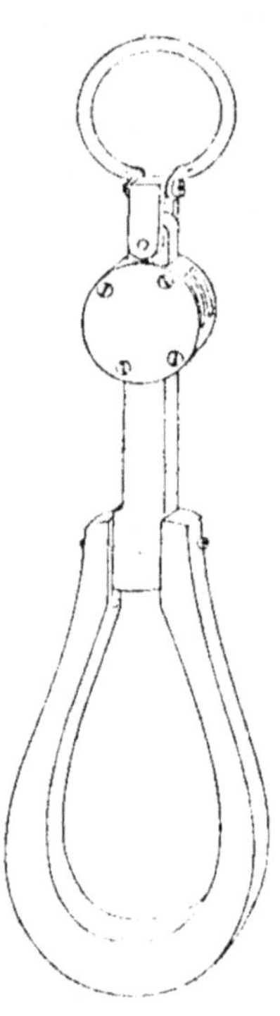

Fig. 5.

L'instrument, déplié, se tient, simplement suspendu par le doigt, au moyen d'un anneau muni d'une suspension à la Cardan; sa masse pesante le maintient

(1) *Notices sur les objets exposés en 1878*, p. 38. — *Notice sur le clisimètre à collimateur du colonel Goulier*, par le colonel CROUZET (**Revue du Génie militaire** de mars 1899). — *Note sur le même instrument*, (Annuaire du Club alpin français de 1900, p. 479, par Henri VALLOT).

vertical ; regardant fixement l'objet, on approche le prisme à quelques centimètres de l'œil ; le plan de la cloison mince qui maintient le prisme dans son logement doit passer à peu près par le milieu de l'œil et par l'objet ; on voit alors simultanément l'objet et les traits de l'échelle qui paraissent se superposer à lui (fig. 6) ;

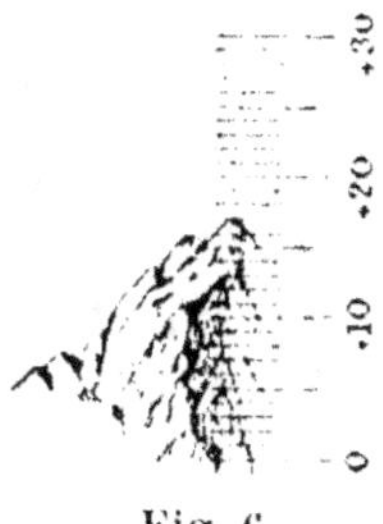

Fig. 6.

on obtient ce résultat par de très légers déplacements latéraux et mouvements de rotation de l'anneau autour de la verticale. On fait alors la lecture de l'inclinaison en centièmes d'après les divisions de l'échelle, et en prenant la moyenne des positions occupées par l'objet pendant les petites oscillations pendulaires de l'instrument. *Cette lecture est excessivement prompte et commode.*

Il existe deux modèles de cet instrument : le premier est à un seul prisme qui donne les pentes de 0 à ± 0,35 (1), le second est à deux prismes, l'un servant pour les pentes de 0 à + 0,80, l'autre pour celles de 0 à — 0,80.

L'approximation donnée par l'instrument, lorsqu'on opère avec soin et à l'abri du vent, est d'au moins un demi-centième (0,005) dans le cas général où il est simplement tenu à la main ; s'il était suspendu à un support, l'approximation pourrait atteindre un à deux millièmes (0,001 à 0,002). Il est essentiel que les photographies soient établies avec des précautions toutes spéciales et que le réglage soit fait par le constructeur avec le plus grand soin ; mais, une fois ces conditions

(1) Dans ce modèle, les inclinaisons au-dessous de l'horizon, au lieu d'être chiffrées — 10, — 20, — 30, sont chiffrées 90, 80, 70, par analogie avec la chiffraison du limbe de la règle à éclimètre.

remplies, le réglage de l'instrument est permanent, et il est à l'abri des dérangements accidentels (1).

VI. — BAROMÈTRE ANÉROÏDE.

Description du baromètre anéroïde.

L'organe principal du baromètre anéroïde est une boîte métallique hermétiquement close, et dans laquelle on a fait le vide ; à l'intérieur se trouve un ressort antagoniste qui équilibre la pression atmosphérique en s'opposant au rapprochement des fonds. Les variations de cette pression impriment aux parties élastiques de l'instrument des flexions amplifiées par un mécanisme approprié, et transmises à une aiguille qui parcourt un cadran divisé expérimentalement de façon à faire indiquer à l'aiguille les pressions en millimètres de mercure.

Une *graduation orométrique* permettant de conclure directement des lectures les différences de niveau en mètres, a été ajoutée par divers constructeurs, d'après les indications qui leur ont été fournies par le colonel Goulier ; voici comment l'auteur décrit ces instruments (2) : « Sur le cadran du baromètre, sont gravées deux échelles contiguës exprimant, l'une, les pressions en millimètres de mercure, l'autre, les nombres oromé-

---

(1) Les prismes sont actuellement produits par M. Henne, mécanicien du dépôt central des instruments du Service géographique, élève du colonel Goulier. Plusieurs constructeurs établissent le clisimètre ; nous n'avons eu l'occasion d'essayer que ceux provenant de la maison Brosset frères, 22, rue des Francs-Bourgeois, et de la maison Balbreck, 137, rue de Vaugirard. Les prix consentis aux membres du Club alpin français sont : de 28 francs pour le clisimètre à simple prisme, et de 42 francs pour celui à double prisme.

(2) *Notices sur les objets exposés en 1878 par le Dépôt des fortifications,* page 40.

triques calculés en supposant que la température de l'air soit 20° au niveau de la mer, et qu'elle diminue de 1° par 165 mètres d'altitude. Ce sont là les conditions moyennes pour nos latitudes, et pendant la belle saison.

Dans le cadran *orométrique*, l'échelle des pressions est en parties égales, et l'autre échelle est fixe par rapport à elle. Avec cet instrument, on obtient la différence de niveau de deux stations A et B en faisant la différence des deux nombres orométriques qu'on a lus sur le cadran. Par l'addition ou la soustraction de cette différence, on peut ensuite conclure l'altitude de B de celle de A.

Dans le baromètre *altimétrique* l'échelle orométrique est mobile et *en parties égales*, et le mécanisme du baromètre a été accommodé à l'échelle des pressions, qui est *en parties inégales*. On peut lire directement les altitudes sur cet instrument, si, à la station A, dont l'altitude est supposée connue, on a tourné l'échelle orométrique de telle sorte que l'aiguille y indique cette altitude connue.... Les erreurs à craindre, avec ces instruments, sont environ doubles de celles que comporte le nivellement barométrique *ambulant* fait avec un Fortin » (1).

Précautions à prendre dans l'emploi du baromètre pour l'exécution d'un nivellement.

Le baromètre anéroïde comme instrument de nivellement est d'un emploi très commode et, par cela même,

(1) Dans sa remarquable *Étude sur la précision des nivellements topographiques et barométriques* (Annuaire du Club alpin français pour 1879), le colonel Goulier revient à plusieurs reprises (pages 620 et 637) sur les avantages que présentent, comparés au baromètre à mercure, les baromètres anéroïdes employés par les alpinistes pour les nivellements en montagne.

très répandu dans les itinéraires en haute montagne ; malheureusement, même avec de bons instruments, ce procédé est exposé à des erreurs multiples qu'on peut atténuer plus ou moins, mais qui laissent toujours planer d'assez fortes incertitudes sur les résultats. Les causes de ces erreurs et les moyens de les atténuer seront étudiés dans un chapitre spécial (1) ; nous nous contentons ici d'indiquer quelques précautions pratiques à prendre dans l'emploi de l'instrument.

Le choix de l'instrument a une grande importance ; on devra donc s'adresser aux meilleurs constructeurs et prendre leurs modèles les plus soignés (2). En raison des perfectionnements récents introduits dans la construction, les modèles anciens doivent être rejetés.

Le baromètre forme de montre, de 0^m,05 de diamètre, a l'avantage de pouvoir être mis dans la poche, et d'y être maintenu à température à peu près constante. Le baromètre de 0^m,07 est plus lourd; mais il est plus précis et sa marche est beaucoup plus sûre; il convient de le porter dans un écrin ou mieux encore dans un sac matelassé, disposé pour permettre l'observation sans en sortir l'instrument.

Avant de faire usage d'un baromètre, il convient de le soumettre à certaines vérifications, dont on trouvera la raison d'être dans l'énumération des causes d'erreur

(1) Voir chap. V, p. 130.

(2) Nous conseillons le baromètre *orométrique*, ou mieux encore *altimétrique*, établi suivant les indications du colonel Goulier ; on trouve ces modèles chez plusieurs constructeurs, notamment chez Pertuis, successeur de Naudet, 4, place Thorigny, dont les instruments portent, en France, la qualification d'*holostériques*. Ce sont ceux que le colonel Prudent et nous-même avons eu plus particulièrement l'occasion d'expérimenter. Prix du baromètre altimétrique de 7 centimètres, en écrin, 90 francs ; dans une gaine matelassée, à courroie, 100 francs; poids avec la gaine, 450 grammes.

auxquelles l'instrument est exposé. De très légers chocs sur le verre feront constater la *paresse* et l'*indécision* de l'aiguille. Pour mettre en évidence le *retard* de l'aiguille, on notera les positions successives qu'elle occupe à de courts intervalles, pendant un arrêt prolongé succédant à une longue montée ou descente.

Il est utile de connaître les *irrégularités de la graduation*, au cas où elles existent; on demandera au constructeur le tableau des erreurs de l'instrument, ou on le fera vérifier dans un laboratoire.

En soumettant le baromètre à des variations brusques de *température*, on constatera si celles-ci ont une influence appréciable sur les indications de l'aiguille.

Si la construction de l'instrument est très soignée, les épreuves dont il vient d'être question ne devront donner lieu qu'à des écarts minimes. On devra néanmoins, lors de l'emploi sur le terrain, se placer dans les conditions les plus favorables à la réduction des erreurs (1).

Pendant les lectures, le baromètre doit toujours être tenu horizontalement; on frappe quelques coups d'ongle sur le verre, et on lit les indications des *deux* cadrans, celui des pressions et celui des nombres orométriques ; ces deux lectures se serviront mutuellement de contrôle (2). On ne doit jamais oublier de *noter l'heure* au moment de chaque lecture barométrique, et, bien

(1) Ces conditions résultent des considérations sur les causes d'erreur de la méthode barométrique et les moyens de les atténuer, qui seront développées dans le chapitre V.

(2) Lorsqu'on se sert d'un baromètre à cadran *altimétrique*, il est commode, mais non indispensable, de tourner le cadran mobile de façon que l'altitude de la station de départ soit en regard de l'aiguille au moment du départ; mais on ne devra plus toucher au cadran mobile pendant la durée des observations, au moins jusqu'à ce que l'on soit parvenu de nouveau à une station d'altitude connue; il ne faudra pas oublier de noter la lecture faite à cette station.

entendu, le jour et l'année. Il est utile de noter également les changements qui peuvent se produire dans l'état de l'atmosphère.

Lorsque l'observateur fait une station plus ou moins prolongée, il ne doit pas négliger de faire une lecture à l'arrivée et une au départ ; si la station dure plusieurs heures, faire une lecture dans l'intervalle ; pendant le séjour au gîte, observer périodiquement, en vue d'obtenir la variation diurne dans la région.

VII. — Appareil photographique.

Conditions que doit remplir l'appareil.

L'appareil photographique qu'emploiera l'alpiniste n'est pas spécialement construit en vue des opérations topographiques de précision ; il doit cependant satisfaire à certaines conditions si l'on veut utiliser les clichés qu'il fournit pour en tirer des constructions géométriques régulières.

La chambre noire doit toujours être *sur support fixe*, c'est-à-dire montée sur un pied, qui lui est d'ailleurs commun avec la planchette.

L'appareil *ne doit jamais être incliné* ; il doit être combiné de manière à enregistrer sur le cliché, au moyen d'un déplacement convenable de l'objectif dans le sens vertical, les sommets élevés de même que les vallées profondes, quitte à faire, au besoin, deux clichés étagés, si l'appareil le permet.

L'axe optique de l'objectif doit être, par construction, maintenu exactement perpendiculaire au plan de la glace dépolie, et par conséquent du cliché ; ce plan doit pouvoir être maintenu sensiblement vertical, et par suite l'axe optique de l'objectif sensiblement horizontal pendant l'opération, ce qu'on réalise approximativement au moyen d'un niveau sphérique encastré dans l'une des parties fixes de la chambre noire. On ne peut, d'ailleurs, arriver à remplir pratiquement et commodément cette condition que par l'emploi d'un pied à calotte sphérique bien construit (1).

Il est commode que l'appareil soit muni d'un dispositif réalisant automatiquement la répartition régulière du tour d'horizon entre les clichés successifs avec un recouvrement convenable (2).

Il serait avantageux que la *ligne d'horizon* pût être enregistrée automatiquement sur le cliché; il ne semble pas, toutefois, que ce but puisse être atteint actuellement sans recourir au mode de construction et aux organes des appareils de précision (3).

(1) Il y a longtemps déjà que le Dr Gustave Le Bon, dans son ouvrage : *Les levés photographiques et la photographie en voyage* (Gauthier-Villars, 1889), Ire partie, page 11, a signalé comme *indispensable*, pour faire de la métrophotographie courante, l'emploi du niveau sphérique et de la calotte sphérique. Le modèle de calotte établi, d'après celui employé par le Génie militaire, par le D^r Le Bon est léger et bien compris; mais sa rigidité, en rapport avec celle des pieds photographiques supportant des appareils légers, serait insuffisante pour les opérations graphiques à la planchette en haute montagne; c'est cette considération, jointe à celle de la difficulté qu'on éprouve, dans les terrains difficiles, à mettre un appareil horizontal au moyen du seul mouvement des branches du pied, qui nous a engagé à faire l'étude du modèle spécial de pied à calotte sphérique dont nous avons parlé précédemment (Voir page 28, note 3).

(2) Voir page 37, note 3.

(3) Il convient de signaler ici un intéressant appareil, malheureusement un peu fragile, imaginé par le commandant Jardinet, du Service géographique de l'armée, pour repérer la *direction de l'horizontale* sur le cliché; c'est un niveau formé d'un tube de verre entièrement fermé, contourné suivant la forme d'un rectangle de la dimension du châssis, et à moitié rempli de mercure; les images des ménisques des branches opposées viennent se peindre sur le cliché, et leur tangente commune fournit une parallèle à la ligne d'horizon. Il serait à désirer qu'un modèle pratique de cet instrument pût être réalisé.

Les chambres noires le plus généralement employées dans les formats moyens (1), sont du système à soufflet; elles sont relativement légères, d'un montage rapide; elles ont, en outre, l'avantage de permettre la variation de la *distance focale*, et aussi de se prêter facilement au *décentrement* de l'objectif (2). Toutefois, pour maintenir en toute position la perpendicularité de l'axe optique de celui-ci avec la glace dépolie, il est utile de prévoir un procédé de blocage des pièces mobiles de l'appareil qui assure à l'ensemble une rigidité complète pendant l'opération.

Lorsqu'on opère toujours avec le même objectif, il est commode de réaliser automatiquement la mise au point sur l'infini, au moyen de taquets d'arrêt fixés sur la glissière du chariot (3).

(1) La question du format à employer en montagne pour les appareils fixes a été étudiée ailleurs (dans le *Manuel d'alpinisme*, ouvrage en préparation chez Laveur) par M. Joseph Vallot qui conclut, pour plusieurs motifs, à l'adoption du format 13×18. En général, l'opérateur utilisera l'appareil qu'il a sous la main; ainsi dans les levés au 20 000° du massif de Néouvielle et du bassin d'Orédon (1902-1903), MM. de Saint-Saud, Maury et Eydoux ont employé un « Kodak » panoramique n° 4, à pellicule cylindrique, de 125 millimètres de distance focale, donnant le tour d'horizon en trois pellicules. Dans son levé géodésique du massif d'Allevard (1903) M. Helbronner a utilisé, pour ses tours d'horizon photographiques, une jumelle stéréoscopique 8×9 de Bellieni, de 115 millimètres de distance focale: pou effectuer les opérations graphiques de restitution, il substitue aux clichés des épreuves obtenues par agrandissement.

(2) Il s'agit ici, bien entendu, du décentrement *dans le sens vertical* le décentrement horizontal, d'ailleurs inutile, doit être absolumen proscrit, car, la verticale principale n'étant pas repérée par l'appareil, il importe, pour l'exactitude des constructions graphiques, qu'on puisse la supposer au milieu de la largeur de l'épreuve.

(3) « Les dispositifs permettant de remplir les diverses conditions qui viennent d'être énumérées se rencontrent plus ou moins dans les appareils de divers constructeurs; on les trouvera tous réunis dans la chambre dite *Folding-Block-System* de Gaumont » (Note de M. Joseph Vallot). Cet appareil complet, avec trois châssis chargés et son sac en toile, pèse $3^{kg},900$. La maison L. Gaumont et C° (57, rue Saint-Roch) construit également un dispositif, adaptable à tous les trépieds

Étude d'un appareil photographique.

Voici, *à titre d'exemple*, le résultat d'une étude faite sur une chambre *Folding-block-system* du format 13 × 18, sur laquelle nous supposons monté un objectif Zeiss, série III a, n° 2, dont la *distance focale* est 155 millimètres et *l'angle maximum*, 90°.

On peut décentrer cet objectif par construction de 15 millimètres dans le sens vertical (vers le haut ou vers le bas, en retournant la planchette dans sa feuillure).

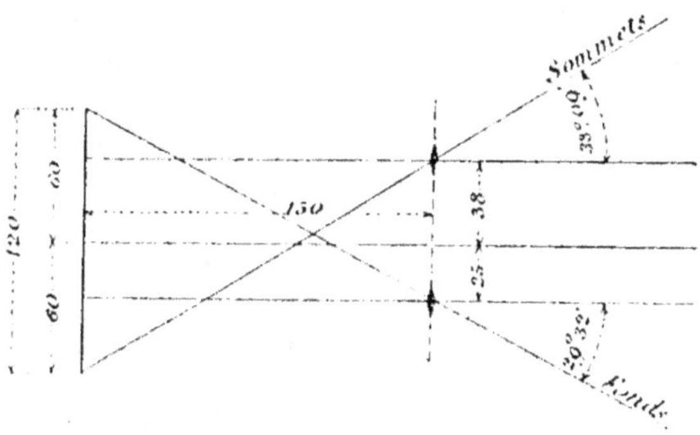

Fig. 7.

De plus, la glissière permet un décentrement supplémentaire de 23 millimètres vers le haut et 10 millimètres vers le bas, de sorte que le décentrement total est respectivement de 38 millimètres et 25 millimètres.

Si l'on admet que la surface utile du cliché est réduite, par la présence du châssis, à un rectangle de 120 millimètres sur 170 millimètres, on trouve que *l'angle de plongement* est : pour la position de l'objectif en haut, donnant les sommets, 33°9' = 36ᴳ,83; pour la

et à toutes les chambres, qui réalise automatiquement la division du panorama en secteurs égaux.

position de l'objectif en bas, donnant les fonds, $29°32' = 32^{G},82$ (fig. 7).

D'autre part, si du point principal on décrit le cercle circonscrit au rectangle utile de la plaque, on trouve que son rayon est 130 millimètres, correspondant à un angle de 81°42' inférieur à l'angle maximum, assurant ainsi au cliché une netteté suffisante dans toute son étendue (fig. 8).

Enfin l'angle horizontal correspondant au grand côté du rectangle utile de la plaque est 59°,4' ; le tour d'horizon ne pourra donc être obtenu en six plaques ; une septième plaque sera nécessaire (ce qui correspond à un angle utilisé de 51°26'), ou bien il faudrait avoir recours à un *grand angulaire* , par exemple à l'objectif Zeiss, série V, n° 3, de 141 millimètres de distance focale, qui donnerait sur chaque plaque une bande

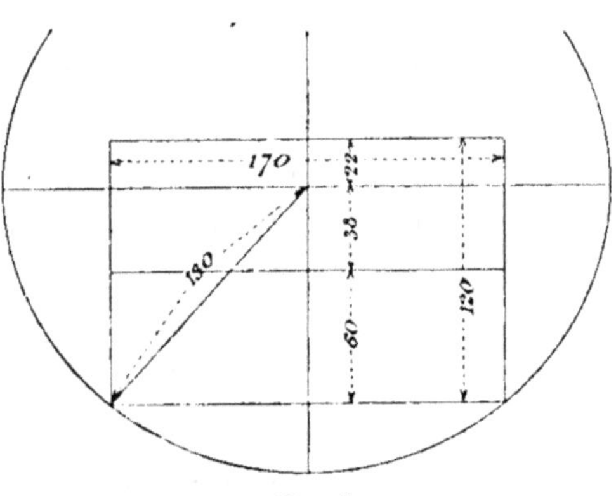

Fig. 8.

de recouvrement de 4 à 5 millimètres. Toutefois, il est utile de faire remarquer que ce second objectif (ouverture maxima 1 : 18) obligerait à diaphragmer davantage que le premier (ouverture maxima 1 : 9), ce qui serait un inconvénient dans le cas où l'on voudrait faire des instantanées.

CHAPITRE III

PRÉPARATION DES LEVÉS

1. — MÉTHODES ET PROCÉDÉS DE LEVÉS.

*Notions élémentaires sur les méthodes
de planimétrie.*

Nous supposons connus les principes élémentaires sur lesquels reposent les méthodes de levés (1) ; nous nous contenterons de rappeler sommairement ces méthodes, en supposant, pour plus de clarté, qu'il s'agit d'un levé à la planchette. Pour simplifier, nous admettrons encore que les figures qui suivent représentent aussi bien les points sur le terrain que leurs homologues sur la planchette.

Les méthodes de planimétrie correspondent à deux types principaux : l'*intersection* et le *cheminement* :

1° Dans la méthode d'*intersection* (fig. 9), la position d'un point tel que M est déterminée par l'intersection de deux directions telles que AM, BM, émanant de deux stations A et B de positions connues et réciproquement visées, de sorte qu'en A on oriente la planchette sur

(1) Lire notamment : *Éléments de la topographie* par le colonel Crouzet (3ᵉ édition, Nony, 1894). Cet excellent petit livre, qui est à la portée de tous les alpinistes topographes, sera la meilleure introduction au *Manuel de topographie alpine*. A signaler aussi, en ce qui concerne les levés réguliers, l'*École de levers* (instruction théorique et pratique destinée aux sous-officiers du Génie ; Berger-Levrault, 1895).

Parmi les ouvrages plus importants (en outre du *Cours de topographie* du com' Lehagre, aujourd'hui épuisé) on peut citer : *Topographie* par Eug. Prévot, ouvrage en deux volumes, comprenant un appendice sur la *topographie expédiée*, par O. Roux (veuve Dunod, 1898-1900).

AB (*visée directe*), et en B, sur BA (*visée inverse*). La direction CM, émanant d'une troisième station C, aussi de position connue, constitue une vérification. On sait

que, pour que cette vérification soit valable, il faut que les trois directions se rencontrent sous des angles qui ne soient pas trop aigus, c'est-à-dire sous une inclinaison au moins égale à 1/2.

D'autre part, le *triangle d'erreur* ainsi formé doit

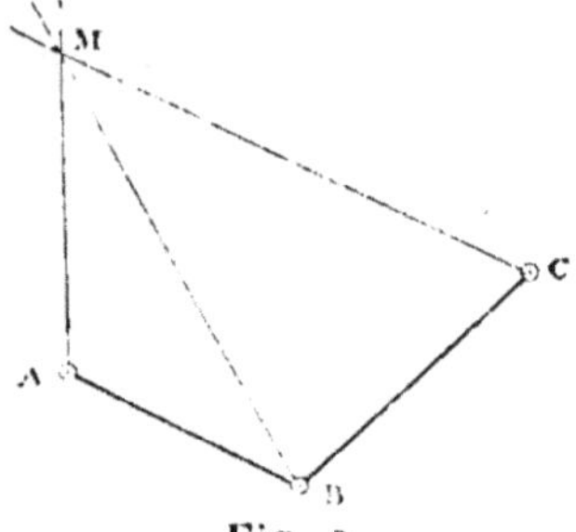

Fig. 9.

être assez petit pour qu'on puisse accepter comme position du point celle du centre du petit cercle inscrit dans ce triangle (1) (fig. 10). Ces observations sont d'ailleurs applicables aux deux procédés suivants.

Le procédé de *recoupement* (fig. 11) est une variante du précédent ; la station B, *inconnue*, a été visée d'une station précédente A (*visée directe*), de sorte qu'en B, on peut orienter la planchette sur BA (*visée inverse*); la direction AB est ensuite *recoupée* par une direction obtenue en dirigeant une visée BM sur un

Fig. 10.

---

(1) Le colonel Goulier admet que le *rayon* de ce cercle ne doit pas dépasser $0^{mm},4$ dans les levés faits avec soin et méthode. D'autre part, les *Instructions* de l'École d'application de l'Artillerie et du Génie recommandent, avec raison, pour l'exécution des canevas, de chercher à avoir toujours *plus* de trois directions se coupant sur le même point ; dans ce cas, on prend, *au jugé*, le centre du *polygone d'erreur* ainsi formé.

point connu M, un signal par exemple. Une seconde visée sur un autre signal N constitue une vérification,

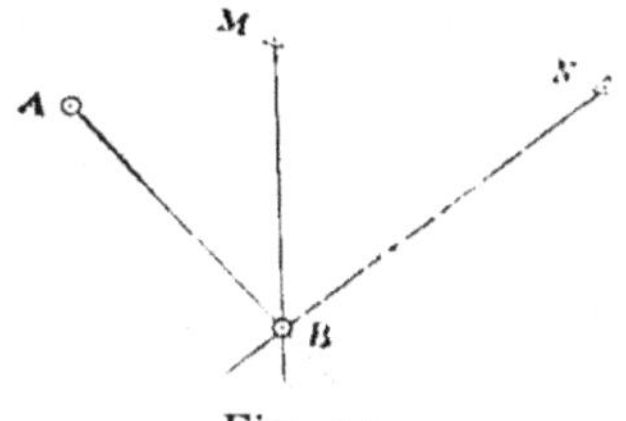

Fig. 11.

A la méthode d'intersection se rattache également le procédé de *relèvement* (fig. 12), dans lequel la position inconnue d'une station A est obtenue en se basant sur les positions connues de trois signaux M, N, P. Mais ici, la planchette ne peut être orientée que par un artifice spécial de fausses positions successives, conduisant au tracé de deux éléments de lignes dont l'intersection fait

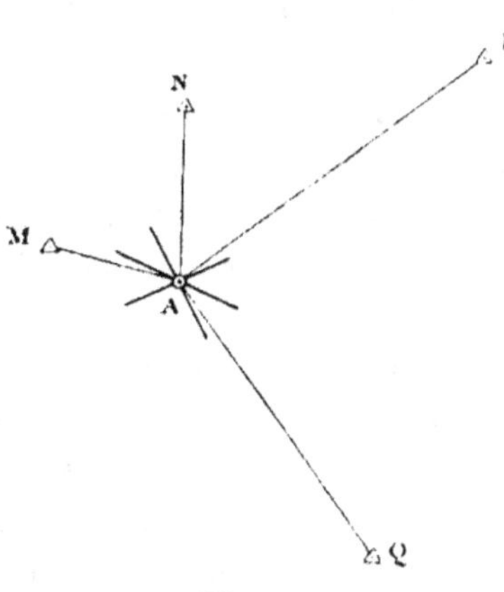

Fig. 12.

connaître la position du point A; nous indiquerons la solution de ce problème assez délicat au chapitre suivant (1). Un quatrième signal tel que Q fournit un troisième élément de ligne, et par suite une vérification.

Le procédé de relèvement est moins sûr que les deux premiers; le choix des signaux, pour obtenir de bonnes intersections des éléments de lignes, n'est pas toujours facile à réaliser. Cependant, entre les mains d'un opérateur habile, il peut rendre de très

(1) Voir chap. IV : *Relèvement sur trois points*, p. 72.

bons services. La construction du point par *fausses positions* est d'ailleurs la seule qui soit réellement pratique sur le terrain ; l'emploi du papier calque, suffisant pour obtenir, au bureau, une position assez exacte de la station, est généralement inapplicable sur le terrain en haute montagne (1).

Lorsqu'on emploie le *déclinatoire* en utilisant la propriété de l'aiguille aimantée, de fournir une direction sensiblement fixe, l'orientation de la planchette se trouve par là même assurée, sans qu'il soit nécessaire de recourir à une direction précédemment tracée ; cet emploi est surtout avantageux dans le cas du relèvement, car il supprime tout tâtonnement et n'exige en principe que deux signaux pour la détermination de la station.

Toutefois on ne doit pas oublier que l'aiguille aimantée est sujette à la *variation diurne* et aux *perturbations locales* et qu'elle ne permet de tracer avec quelque précision les directions que sur une longueur au plus égale à la demi-longueur de l'aiguille.

2º Dans la méthode de *cheminement*, les points déterminés successivement les uns à la suite des autres, formant ainsi une ligne polygonale ininterrompue, sont reliés entre eux par des mesures directes qui ont pour objet de déterminer la direction et la longueur de chacun des côtés du polygone. Dans le cheminement *goniométrique* on mesure les angles que font entre eux les côtés successifs ; dans le cheminement *décliné*, exécuté avec l'aide de la boussole ou du déclinatoire, on mesure ou on construit les angles, nommés *oriente-*

(1) Voir : *ibidem*, p. 77.

ments, que font ces côtés avec la direction fixe de l'aiguille aimantée. Ce dernier cas est le seul que nous envisagerons dans notre étude, et c'est d'ailleurs le seul pratique dans le cas d'emploi des procédés graphiques.

Le *rayonnement* est un procédé qui dérive du cheminement, et dans lequel les points qui environnent une station lui sont rattachés par les mesures de leurs orientements et de leurs distances à cette station.

Le *rattachement* est une opération qui a pour but de relier deux points *voisins,* dont l'un est *l'auxiliaire* de l'autre; telle une station établie sur le bord d'un plateau, reliée à un signal placé à quelque distance, sur le point culminant; telle, encore, une station auxiliaire voisine d'un col et destinée à en fixer la position.

Mesure des distances.

Lorsque la distance à mesurer doit servir à appuyer un canevas, elle prend le nom de *base;* si elle est aisément parcourable et de faible longueur, comme cela arrive dans les levés peu étendus et à grande échelle, on la mesure directement sur le terrain avec un instrument approprié, par exemple, au ruban d'acier (1).

Il est utile de rappeler qu'une base n'est pas forcément rectiligne; elle peut être empruntée à un cheminement; c'est le cas qui se présente dans les grandes vallées parcourues par un chemin, dont le levé forme

(1) Nous recommandons, comme très pratique, un ruban d'acier anglais à roulette, boîte en cuir, manivelle rentrante, divisé en centimètres, chiffré par décimètres. Le ruban de 10 mètres pèse 200 grammes, on le trouve chez Démichel, 24, rue Pavée au Marais, au prix de 15 francs, spécial pour les membres du Club alpin français.

une base polygonale à laquelle on rattache par inter-section les points situés sur les versants.

Si le canevas est celui d'un levé étendu à petite échelle, les côtés peuvent avoir une longueur considérable (plusieurs kilomètres); on ne peut plus alors opérer par mesure directe et l'on choisit comme base ou *côté de départ* la longueur comprise entre deux points trigonométriques connus de position; dans ce cas, elle est déduite des coordonnées de ces points par une construction et une mesure graphiques (1).

Dans le levé des détails, on emploie, pour la mesure des distances, des procédés expéditifs; la mesure stadimétrique est avantageuse dans les levés réguliers par cheminement et rayonnement; les procédés d'intersection et de relèvement fournissent toujours les distances par mesures graphiques. Dans les levés de reconnaissance et les itinéraires déclinés, on se contente le plus souvent de mesures au pas ou à la montre pour les distances parcourables, et de l'intersection dans le cas contraire; on ne devra user qu'avec une grande réserve et sous bénéfice d'inventaire des distances obtenues *à l'estime*. On trouvera, dans le chapitre IV, le développement de ces divers procédés.

Altimétrie.

On désigne sous le nom d'*altimétrie* l'ensemble des procédés et opérations qui ont pour but la détermination des *altitudes*; le *nivellement* est plus spécialement l'opération élémentaire par laquelle on mesure la diffé-

---

(1) **Voir chap. IV** : *Placement des points trigonométriques*, p. 65.

rence de niveau de deux points ou celles d'un ensemble de points (1) ; en mettant à part le nivellement barométrique, ces mesures s'effectuent de deux manières : 1° le nivellement *direct* procède par visées horizontales et ressauts successifs, et emploie les instruments connus sous le nom générique de *niveaux* ; 2° le nivellement *indirect*, ou nivellement par les pentes, s'exécute au moyen des *éclimètres* ou instruments analogues ; c'est de ce dernier seulement que nous aurons à nous occuper ; nous le désignons sous la dénomination générale de *nivellement topographique*.

La plupart des instruments de levés réguliers font le nivellement en même temps que la planimétrie ; aussi, lorsque nous employons l'expression : *faire une visée*, cela signifie non seulement déterminer la direction d'un point, mais encore sa *hauteur angulaire* ou son *inclinaison* par rapport à l'horizon (Lorsque l'angle de la visée est compté à partir de la verticale, il prend le nom de : *angle zénithal* ou *distance zénithale*).

La planimétrie peut s'exécuter entièrement par des opérations graphiques ; le nivellement topographique exige l'intervention du calcul, dont l'emploi fera l'objet d'un chapitre spécial (chapitre V).

Échelles à adopter pour les levés.

Avant de parler des opérations de levés, il est utile de définir les échelles à employer pour leur exécution.

Dans la haute montagne, l'homme ne se transporte qu'avec une extrême lenteur ; une heure de marche ne

____

(1) Le colonel Goulier a proposé de substituer à l'expression *différence de niveau*, qui est un peu longue, le mot *dénivelée*, qui, cependant, n'a pas encore été consacré par l'usage.

correspond souvent qu'à un déplacement horizontal de quelques centaines de mètres, et les efforts de toute une journée d'ascension ou d'escalade se concentrent généralement sur un espace extrêmement limité ; aussi, l'échelle d'une carte alpine doit-elle être assez grande pour que l'on puisse y placer, sans confusion, avec leurs cotes et leurs noms, tous les points ayant quelque intérêt au point de vue alpin : par exemple, le sommet et le pied d'un escarpement rocheux, le point culminant d'une cime et l'épaulement voisin, deux pointes jumelles d'une même aiguille, etc.; or, souvent la distance horizontale qui sépare ces points est inférieure à cent mètres (1).

On comprend aisément que, dans ces conditions, il ne soit pas possible de figurer ces détails et surtout de placer les écritures sur les cartes rédigées aux échelles actuellement usitées du 100 000ᵉ ou du 80 000ᵉ, dont l'insuffisance est d'ailleurs surabondamment démontrée aujourd'hui ; aussi ne paraît-il guère possible de descendre au-dessous de l'échelle du 50 000ᵉ, qui, d'ailleurs, sera suffisante en général pour les cartes d'ensemble finement exécutées (2). Toutefois, dans les

(1) Ainsi, dans le massif du Mont Blanc, les deux pointes de l'Aiguille du Dru sont distantes de 105 mètres ; celles de l'Aiguille du Géant. de 25 mètres seulement, et chacune de ces pointes a son nom particulier et sa célébrité ; les plus hautes pointes de l'Aiguille de Grépon tiennent dans une longueur de 75 mètres, celles de l'Aiguille des Charmoz dans une longueur de 65 mètres.

(2) Un des plus beaux spécimens de cartographie que l'on puisse citer est celui de la Carte suisse (dite « Siegfried », du nom du colonel d'état-major fédéral sous la direction duquel elle a été entreprise), dont la haute montagne est représentée à l'échelle du 50 000ᵉ avec une vérité d'expression justement admirée. Cependant, lorsque l'alpiniste vient superposer sa nomenclature et ses cotes au figuré de la carte, il devient déjà difficile de trouver l'emplacement de toutes les écritures ; on peut se convaincre de ce fait en jetant les yeux sur la partie Suisse de la carte au 50 000ᵉ de la chaîne du Mont Blanc, par MM. Barbey, Imfeld et Kurz.

régions les plus intéressantes et dans les parties les plus chargées en détails il sera nécessaire de recourir à des échelles plus grandes encore et d'adopter, par exemple, celle du 20 000ᵉ (1).

D'autre part, il n'est guère possible de dessiner, sur le terrain, avec une finesse équivalente à celle que l'on peut obtenir dans l'œuvre finale ; aussi sera-t-on conduit le plus souvent (comme cela se pratique d'ailleurs pour les cartes officielles) à opérer à une échelle sensiblement supérieure à celle de la rédaction définitive ; de cette manière, les imperfections inévitables du dessin se trouveront réduites, et l'opérateur aura ainsi la facilité de le traiter plus largement et avec moins de minutie ; il ne devra pas, toutefois, se laisser entraîner par la grandeur de l'échelle à une recherche dans les détails que le but à atteindre ne justifierait pas (2).

Il semble donc résulter de ces considérations que l'échelle du 50 000ᵉ pourra être employée pour le levé d'une région étendue et peu chargée en détails ; mais qu'on devra recourir au 20 000ᵉ pour les massifs compliqués et dont la nomenclature est particulièrement serrée.

Enfin, les régions très limitées, dont on veut avoir

(1) Afin de rendre les mesures sur les cartes commodes, au moyen d'une simple échelle millimétrique, on est généralement d'accord aujourd'hui, en France, pour adopter comme règle que l'échelle des plans et cartes topographiques doit être exprimée par une fraction dont le numérateur est l'unité, et dont le dénominateur est une puissance de 10, ou son double ou sa moitié. En vertu de cette règle, on devra donc éviter l'emploi de l'échelle du 40 000ᵉ qui était celle des minutes de la Carte de France, et du 25 000ᵉ, adoptée dans plusieurs pays étrangers.

(2) Dans le cas où le levé est fait par le procédé du *carton-décliné* (Voy. chap. IV, § III) on doit opérer à une échelle *double* de celle de la rédaction définitive.

une représentation exacte pour en faire une *étude topographique locale*, telles que certaines formes de terrain, d'un intérêt particulier au point de vue topologique, ou des fronts de glaciers avec leur cortège de moraines, en vue des études de glaciologie qui sont actuellement à l'ordre du jour, pourront être traitées à grande échelle, par exemple au 10 000ᵉ, ou même au 5000ᵉ (1).

Il n'est peut-être pas inutile de faire observer ici que, dans le cas où le travail sur le terrain se réduit à un enregistrement graphique des divers éléments recueillis d'une façon *indépendante* en chaque station (2) l'échelle de la carte à construire n'intervient pas directement dans ce travail.

II. — ORGANISATION DU CANEVAS.

Nécessité d'un canevas d'ensemble; opérations trigonométriques complémentaires.

Quel que soit le genre de levé que l'on se propose d'exécuter, il est toujours nécessaire de l'appuyer sur un *canevas* suffisamment précis pour éviter l'accumulation ou la propagation des erreurs qui résulteraient de l'extension exagérée des opérations de détail, ou pour établir un lien entre des levés distincts exécutés indépendamment les uns des autres.

Le *canevas d'ensemble*, c'est-à-dire celui qui a pour but de permettre la réunion des divers fragments d'un levé de grande étendue, est ici constitué par les points

(1) M. Paul Girardin, dans les levés glaciologiques qu'il a exécutés à la planchette en Haute-Maurienne en 1903, a reconnu dans certains cas l'insuffisance du 10 000ᵉ et la nécessité d'adopter le 5000ᵉ pour la représentation correcte des fronts de glaciers et de leurs moraines.

(2) Voir chap. IV : *Deuxième cas, mode expéditif.*

trigonométriques du Dépôt de la Guerre (les seuls sur lesquels on puisse, en France, s'appuyer avec quelque certitude) ; ils sont distribués, *en principe*, à raison d'un par lieue carrée, c'est-à-dire par 16 kilomètres carrés ; mais en réalité, il s'en faut de beaucoup que tous ces points puissent être utilisés ; en effet, un certain nombre d'entre eux ne pourront pas être exactement identifiés ni même retrouvés, et d'autres devront être rejetés, après vérification, comme étant de position incertaine. Si l'on évalue le déchet à un quart ou à un tiers, chaque point correspondra en moyenne à un espace de 20 à 25 kilomètres carrés (1), ce qui donnerait, pour distance moyenne des points, 5 kilomètres environ, s'ils étaient espacés d'une manière à peu près régulière ; mais il est loin d'en être ainsi, surtout dans les régions montagneuses, et cette inégalité de répartition sera encore accentuée par la suppression des points reconnus défectueux, de sorte qu'il sera indispensable de combler les lacunes par des déterminations trigonométriques complémentaires sur lesquelles nous n'avons pas à insister ici, car elles sortent du cadre de notre sujet (2). Le canevas d'ensemble sera donc essentiellement un *canevas trigonométrique.*

Extension du canevas d'ensemble : canevas général ;
triangulation graphique.

Les opérations de détail, de quelque nature qu'elles soient, ne sauraient se contenter du canevas trigonomé-

---

(1) Voir Goulier, *Études...*, note C, p. 490.

(2) Nous préparons des instructions spéciales destinées aux alpinistes désireux d'exécuter des opérations trigonométriques complémentaires en haute montagne.

trique dont il vient d'être question : les signaux en sont trop espacés et trop irrégulièrement distribués pour que l'opérateur qui exécute le levé du détail, et doit déterminer sa position presque toujours par relèvement, puisse disposer en toute circonstance des trois ou quatre signaux qui lui sont nécessaires pour cet objet. Le canevas d'ensemble devra donc être étendu et complété de la manière suivante.

Parmi les points trigonométriques en haute montagne, ceux du premier et du second ordre, qui ont été stationnés autrefois, peuvent l'être encore aujourd'hui ; ceux du troisième ordre ne l'ont pas été par les géodésiens ; quelques-uns de ces points sont du reste inaccessibles, du moins avec des instruments topographiques quelque peu encombrants ; mais un certain nombre d'entre eux peuvent utilement servir de stations. Le topographe stationnera donc d'abord, avec sa planchette, en des points trigonométriques de position sûre convenablement choisis et déterminera, par intersection, les points remarquables susceptibles de servir de signaux naturels ; ce seront, en général, des aiguilles, des pics ou pointes de rochers, des sommets bien reconnaissables à leur forme ; il déterminera également, lorsqu'il en aura l'occasion, des chalets isolés et bien en vue situés dans les alpages ou sur les versants, ainsi que les clochers, chapelles, ponts et en général des constructions remarquables et isolées, situées dans les vallées.

Il ne sera pas possible de fixer, ni même souvent de viser tous ces points depuis les points trigonométriques ; aussi le topographe devra faire choix d'un certain nombre d'entre eux, qui présenteront les conditions les plus favorables, pour servir à leur tour de stations ; quelques-unes auront été déjà fixées par *intersection* depuis les points trigonométriques ; pour d'autres, la détermination sera complétée par *recoupement* ; enfin, certaines d'entre elles pourront être, quoique avec moins de certitude, entièrement fixées par *relèvement* sur les points précédemment déterminés (1). Ces stations supplémentaires serviront à compléter la détermination des points *intersectés,* particulièrement de ceux situés dans les fonds.

L'ensemble de tous ces poins *stationnés* et *intersectés* forme ce qu'on appelle : le *canevas général* du levé ; l'ensemble des opérations qui y conduisent constitue une *triangulation graphique* (2).

Il est assez difficile d'indiquer, *a priori*, quelle doit être la *densité* des points du canevas général ; elle varie non seulement avec la nature des lieux, mais encore avec l'échelle adoptée et la précision requise pour le levé du détail ; cependant, on peut admettre d'après l'expérience acquise que si l'écartement de ces points est compris entre 1 et 2 kilomètres pour le 20 000ᵉ ou le 25 000ᵉ et entre 2 et 3 kilomètres pour le 40 000ᵉ ou le

---

(1) Dans le cas où l'on n'enregistre sur le terrain que des *directions*, le procédé de relèvement ne présente aucune difficulté particulière : les relèvements devront être seulement assez nombreux et bien choisis pour fournir des vérifications lors de la construction qui en sera faite au gîte ou au bureau. Dans le cas où l'on construit la station sur le terrain, le problème est plus délicat, lorsque (ce qui arrivera presque toujours) l'aiguille aimantée ne fournit qu'une orientation approchée de la planchette ; on consultera l'ouvrage du colonel GOULIER, *Études...*, note C, p. 500, ou *Éléments de topographie*, par le colonel CROUZET, p. 98, ou encore notre chapitre IV.

(2) Si le nombre des points trigonométriques, déterminés par les opérations de triangulation complémentaire, était suffisant pour qu'on puisse y appuyer directement les levés de détail, le canevas général rentrerait dans le canevas d'ensemble, et les opérations de triangulation graphique se trouveraient supprimées.

50 000ᵉ (1), ils constitueront dans la généralité des cas, pour les levés de détail, un réseau suffisamment serré : leur distribution, toutefois, sera loin d'être régulière ; ils seront forcément plus nombreux sur les crêtes, moins nombreux dans les vallées, et plus rares sur les versants.

Établissement d'un projet de canevas.

C'est la carte de l'État-Major complétée au moyen des nombreux documents recueillis sur le terrain par les alpinistes qui servira à dresser le projet de canevas ; on superpose à la carte au 80 000ᵉ de la région à lever une feuille de papier à calquer sur laquelle on fait figurer tout d'abord, avec l'indication de leur ordre, les points trigonométriques, puis tous les points qui, *sur la carte*, paraissent, par leur situation, en état de faire partie du canevas (2). Il faut ensuite rechercher quels sont, parmi ces points, ceux susceptibles de servir de stations, c'est-à-dire ceux qui sont pratiquement accessibles.

Le moyen le plus sûr d'être fixé à cet égard est de

---

(1) D'une façon générale, ces nombres répondent à peu près à la formule :

$$\text{Écartement moyen en mètres} = 10\sqrt{\text{dénominateur de l'échelle.}}$$

On peut dire encore que la surface correspondant à un point du canevas général est représentée en kilomètres carrés par le nombre de dix millièmes compris dans le dénominateur de l'échelle ; ainsi, pour le 20000ᵉ, un point du canevas général correspondrait, en moyenne, à une surface de 2 kilomètres carrés.

(2) Ceci suppose, bien entendu, que le topographe sait parfaitement lire et interpréter la carte au 80000ᵉ et qu'il a déjà au moins une connaissance générale de la région qu'il se propose d'étudier. Au reste, l'établissement du projet de canevas, qui est toujours assez délicat, surtout pour les régions de quelque étendue, se fera de préférence avec le concours d'un géodésien.

faire une *reconnaissance* sur les lieux ; mais on pourra souvent l'éviter, du moins pour les cimes décrites dans les publications alpines et qui sont, du reste, fort nombreuses aujourd'hui ; les différents articles consacrés à chacune d'entre elles permettront de se rendre compte par avance dans quelle mesure elles peuvent être choisies comme stations et atteintes sans difficultés exceptionnelles avec le bagage du topographe. Quant aux sommets d'altitude modeste dont il n'est fait mention nulle part, on pourra, sauf de rares exceptions, les considérer comme accessibles.

Ce premier travail fait, on choisira les quelques points trigonométriques propres à servir de points de départ, en donnant la préférence à ceux du premier ou du second ordre, et, à défaut, à ceux du troisième ordre de position sûre qui peuvent être stationnés ; on établira ensuite, entre ces points et les diverses stations projetées, un enchaînement convenable, disposé de manière que les opérations successives puissent se faire par intersection ou par recoupement (en évitant autant que possible le relèvement) et que la détermination de chaque point comporte une vérification au moins (1).

Il est bien entendu qu'en outre des points de départ, tous les points trigonométriques rencontrés devront être compris dans l'enchaînement, pour servir de stations s'ils sont accessibles, ou être utilisés pour des recoupements dans le cas contraire.

Lorsque l'enchaînement des stations sera établi, on s'assurera que les points du canevas non stationnés et

______

(1) Voir chap. III. *Notions élémentaires sur les méthodes de planimétrie*, p. 40.

à déterminer par intersection peuvent être fixés par trois visées au moins, se coupant sous des angles convenables. Il arrivera souvent que ces conditions ne seront pas remplies pour certains points, notamment ceux situés dans le fond des vallées profondes; on sera alors conduit à intercaler des *stations supplémentaires*, en outre de celles primitivement prévues (1).

Il est à peine besoin de dire que toutes les lignes tracées sur le projet devront représenter des visées possibles; la carte consultée permettra généralement de s'en rendre compte ; cependant on doit s'attendre à des erreurs de cette carte, à des obstacles imprévus, notamment pour les visées plongeantes, et, par suite, à des modifications nécessaires sur le terrain, conduisant à des déplacements de stations, ou même à l'addition de stations nouvelles; l'avant-projet aura toutefois ce grand avantage, de préciser l'ordre dans lequel les opérations doivent être exécutées, et de réduire au minimum les tâtonnements sur le terrain.

(1) GOULIER *Études...*, note C, § 4.

CHAPITRE IV

PRATIQUE DES OPÉRATIONS SUR LE TERRAIN

Deux modes différents d'application des méthodes.

1° MODE RÉGULIER.

Levé entièrement exécuté sur le terrain.

Dans ce mode, le levé du canevas s'exécute au moyen
de la planchette accompagnée de la règle à éclimètre ;
pour les levés de détail, la planchette est toujours
orientée au moyen du déclinatoire ; la règle à éclimètre
peut être remplacée par l'alidade nivelatrice. Les procédés employés sont : l'intersection et ses dérivés, pour
le canevas ; le relèvement, le cheminement, le rayonnement, avec l'aide du jalon-mire, et quelquefois l'intersection, pour le détail.

Ce mode d'opérer est sûr et précis ; l'opérateur, en
quittant le terrain, en emporte la représentation
complète et définitive ; c'est un avantage considérable,
contre-balancé toutefois par quelques inconvénients
qui, dans notre hypothèse de topographie *alpine*, ne
laissent pas que d'être souvent prépondérants ; tout
le travail s'exécutant sur le terrain (détermination des
points du canevas et du détail, calculs d'altitude,
dessin du figuré), le mode régulier est assez lent et,
pour les levés de grande étendue, il exige de la part de
l'opérateur les qualités d'un topographe exercé, qui ne

s'acquièrent que par une assez longue initiation. De plus, l'alpiniste n'aura généralement pas le loisir ni même la possibilité de parcourir le terrain en tous sens, en y faisant de nombreuses stations de planchette ; enfin la planchette elle-même, qui ne peut guère avoir moins de $0^m,40$ sur $0^m,50$, est *relativement* encombrante. Ce mode d'opérer qui, pratiqué sur des espaces restreints, constituerait une excellente école pour l'instruction des topographes, ne sera pas toujours praticable pour les *alpinistes*, et devra généralement être réservé pour les levés à grandes échelles de régions très limitées que nous avons déjà caractérisées (page 48).

2° MODE EXPÉDITIF.
Levé par enregistrement graphique et rédaction hors du terrain.

Dans ce mode, le travail sur le terrain comporte deux sortes d'opérations bien distinctes, tout à fait indépendantes, et qui peuvent être effectuées par des opérateurs différents.

L'*opération principale* consiste en un *enregistrement graphique*, exécuté par stations isolées et indépendantes, et qui comprend pour chacune d'elles :

1° Un *tour d'horizon* exécuté sur la planchette, à l'aide de la règle à éclimètre ou de l'alidade nivelatrice, comportant des visées sur tous les objets en vue, qu'ils appartiennent au canevas ou au détail.

2° Des *perspectives* plus ou moins complètes, dessinées à vue ou enregistrées automatiquement, soit par la photographie, soit par tout autre procédé.

On voit que l'on a recours, *implicitement*, à la

méthode d'intersection et à ses auxiliaires, le recoupement et le relèvement; mais toutes les constructions graphiques ayant pour but de déterminer les positions soit des stations, soit des points visés, tous les calculs relatifs aux déterminations d'altitudes s'exécutent au gîte ou au bureau.

Ce mode d'opérer offre plusieurs avantages : le bagage de l'opérateur est plus réduit (1) ; le travail sur le terrain, ne comportant ni constructions graphiques ni calculs, est plus expéditif et convient aux alpinistes même les moins familiarisés avec les procédés topographiques ; le choix des stations peut être fait à l'avance sur le projet de canevas, et l'on n'a aucunement à s'occuper, sur le terrain, de la solidarité à établir entre ces stations; les opérations à exécuter en chacune d'elles sont toujours les mêmes, et elles exigent peut-être plus de patience que de savoir. Par contre, comme ce travail ne constitue pas un levé proprement dit, les lacunes ne se révèleront qu'au moment des constructions graphiques, et le topographe sera exposé à revenir plusieurs fois sur le terrain pour les combler.

D'autre part, on n'enregistre ainsi que les éléments goniographiques qui permettront de construire les stations et un plus ou moins grand nombre de points de détail isolés. Mais, entre ces points, on n'a d'autre guide pour représenter le terrain que les éléments perspectifs recueillis aux stations; or ceux-ci pouvant être d'une valeur très différente, depuis les croquis les

(1) On se contente généralement d'une planchette de dimensions moindres et d'un pied plus léger ; voir chap. II, *Planchette et son support*, p. 26.

plus rudimentaires jusqu'aux perspectives les plus précises obtenues à l'aide d'instruments spéciaux (1), la représentation du terrain se ressentira nécessairement plus ou moins de l'insuffisance des documents recueillis aux stations. En outre, comme l'ensemble de ces perspectives ne couvrira jamais la totalité de la surface à représenter, les lacunes restantes devront être comblées par des moyens différents.

Des *opérations complémentaires* sont donc nécessaires ; elles s'exécuteront, pour la planimétrie, à l'aide du *carton* ou du *carnet décliné*, employé, soit en des *stations isolées* par relèvement, soit en des *itinéraires continus* par cheminement. L'altimétrie sera généralement demandée au nivellement barométrique ou parfois aux visées faites à l'aide du clisimètre. D'ailleurs ces trois instruments : carton ou carnet décliné, baromètre et clisimètre, sont si peu encombrants et si légers qu'*ils devraient faire partie du bagage de tout alpiniste*.

(1) Notamment à l'aide de l'*orographe* Schrader ou de l'un des appareils photographiques de précision connus sous le nom de *photo-théodolites* ; mais ces instruments. qui peuvent être avantageusement employés dans certaines circonstances déterminées, ne rentrent pas dans la catégorie des instruments très légers et peu coûteux qui, à cause de ces deux qualités, font plus facilement partie du bagage de l'alpiniste.

L'orographe Schrader produit, sur un disque circulaire. une *anamorphose rayonnante* du panorama de la station ; le crayon enregistre automatiquement sur le disque tous les traits correspondant aux lignes de la nature, que l'observateur fait suivre à la croisée des fils de la lunette ; les points importants sont enregistrés, en direction et en inclinaison, avec des précautions toutes spéciales. Cet instrument est construit par Balbreck, 137, rue de Vaugirard ; son prix est de 700 francs.

PREMIER CAS : MODE RÉGULIER.

Levé entièrement exécuté sur le terrain.

I. — Opérations préliminaires.

Préparation des planchettes.

Le cas que nous examinons ici est celui où la construction graphique du canevas, de même que le levé des détails, sont exécutés sur la planchette et en entier sur le terrain. Le canevas et le détail peuvent d'ailleurs être menés de front ou faire l'objet d'opérations séparées. Plusieurs planchettes sont généralement nécessaires pour embrasser toute une région ; deux feuilles voisines doivent présenter une zone de superposition et leur réunion sera assurée par le canevas d'ensemble, c'est-à-dire par les points trigonométriques communs.

La feuille de papier à dessin qui recouvre la planchette (papier fort et de premier choix) doit être repliée sur ses bords et collée *par en dessous* ; cette disposition offre plusieurs avantages (1), notamment celui de laisser disponible la surface entière de la feuille 2.

Pour trouver la disposition la plus avantageuse du levé sur la planchette, on procède ainsi : on trace sur

---

(1) On évite ainsi le décollage de la feuille par l'humidité, lorsque celle-ci tombe sur la surface supérieure du papier ; le gondolage qui en résulte est également moins sensible ; nous conseillons de mouiller la feuille *à refus* avant de la coller, mais de la laisser sécher pendant plusieurs jours avant d'y faire aucun tracé.

(2) Soit 8 kilomètres sur 10 au 20 000ᵉ, et 20 sur 25 au 50 000ᵉ. A titre de comparaison, le terrain représenté sur un quart de feuille de la Carte au 80 000ᵉ est de 20 sur 32 kilomètres.

une feuille de papier-calque un rectangle représentant la feuille du levé à l'échelle du 80 000ᵉ et l'on promène ce rectangle sur la carte, de façon à y comprendre, en même temps que la portion de région à lever, le plus grand nombre possible de points trigonométriques. Lorsque la position *optima* est obtenue, on calque les méridiens et parallèles que l'on peut ensuite, en tenant compte de la proportion des échelles, reporter approximativement sur la feuille de planchette (1); le tracé correct de ces lignes, ainsi que le placement des points trigonométriques, s'exécutent selon le procédé indiqué au paragraphe suivant.

Pour le travail sur le terrain, il peut être avantageux de recouvrir le dessin d'un papier de couleur foncée, ne laissant à découvert que la partie sur laquelle on travaille; on ménage ainsi le dessin, et on évite la réverbération solaire sur une surface blanche, fatigante pour la vue (2); l'emploi d'un *parasol* serait encore préférable.

Tracé des méridiens et parallèles.

Il est nécessaire, pour l'exactitude des constructions graphiques faites sur le terrain, d'adopter pour la minute du canevas le système de projection dit « polycentrique », c'est-à-dire d'admettre que chaque feuille du levé représente une projection du terrain faite sur le

(1) Il est évident que les méridiens et les parallèles ne seront pas disposés parallèlement aux côtés de la feuille, ce qui, au reste, ne présente aucun inconvénient.

(2) Pour assurer au trait une netteté et une résistance suffisantes, il faut employer des crayons durs (HHHH, par exemple) et les tailler fins; nous conseillons les crayons de graphite de Sibérie, ou mieux encore ceux de la marque *Koh i-noor*, très noirs et résistants.

plan horizontal mené tangentiellement au sphéroïde terrestre par le point milieu de cette feuille (1) ; dans cette hypothèse, les méridiens pourront toujours être représentés par des lignes droites, et les parallèles par des arcs de courbe rencontrant normalement les méridiens et qu'on remplace même en pratique par des portions de lignes droites limitées aux méridiens successifs ; l'ensemble de ces lignes forme une série de trapèzes isocèles dont les longueurs des côtés sont données par des tables spéciales (2).

Un exemple nous permettra d'expliquer plus clairement comment ce tracé peut être exécuté, conformément aux indications données par le colonel Goulier.

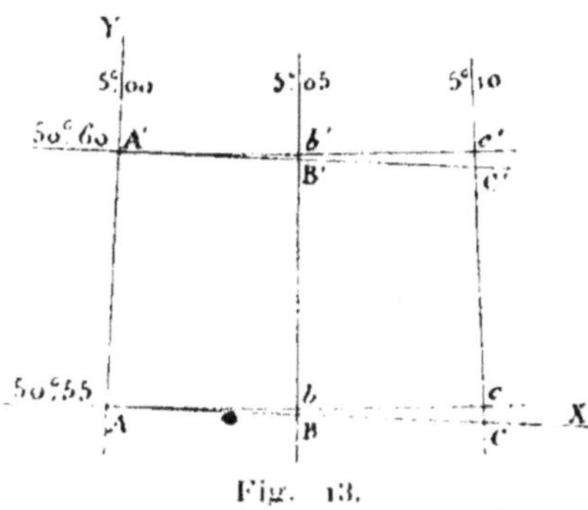

Supposons (fig. 13) que le méridien de 5ᵍ00 de longitude Est et le parallèle de 50ᵍ55 de latitude soient les deux lignes de projection qui passent le plus près du milieu de la feuille. Après avoir tracé le méridien AY correspondant à 5ᵍ00, on lui mène, avec la plus grande précision possible, une perpendiculaire AX par son point de rencontre A avec le parallèle de 50ᵍ55. Les méridiens étant supposés tracés de 5 minutes en 5 minutes et la minute de lon-

<hr>

(1) Cette nécessité est démontrée par le colonel Goulier dans son ouvrage : *Études...*, note C, § 7, on pourra suivre les indications qui y sont données par l'auteur pour le tracé des méridiens et parallèles sur la feuille de levé, et dont nous nous sommes inspiré ici.

(2) Voir Tableaux I et I *bis*, pages 163 et 164.

gitude valant 703^m,32 à la latitude considérée, on prend AB = 5 × 703^m,32 = 3517^m ; AC = 2 × 5 × 703,32 = 7033^m et ainsi de suite, tant à droite qu'à gauche de A, ce qui détermine les points B, C,... (1). On obtient ensuite les ordonnées Bc, Cc,... qui représentent, sur les méridiens successifs, les écarts entre le parallèle 50^{g}55 et l'axe AX, en appliquant les formules :

$$ y = \frac{x^2}{2\rho} \quad \text{et} \quad \rho = \frac{R}{lg\,L} \cdot $$

R étant le rayon terrestre qu'on peut prendre égal à 6 370 000^m, L la latitude du parallèle considéré, ρ le rayon de l'arc de cercle qui se confond sensiblement avec la courbe Abc, et peut être remplacé graphiquement par la ligne polygonale Abc.... (ici $\rho = 6\,256\,000^m$) x et y les coordonnées calculées en mètres des points successifs b, c,.. par rapport aux axes AX et AY.

On trouve ainsi Bb = 1 mètre, Cc = 4 mètres, etc. Enfin, on joint Ab, bc, par des lignes droites.

Voici maintenant une remarque importante, qui est de nature à faciliter beaucoup ce tracé :

Lorsqu'on fait l'application des formules ci-dessus à des latitudes peu différentes de 50^g (et même comprises, pour la France entière, entre 47^g et 57^g) on trouve que si l'on donne à x la valeur qui correspond à l'intervalle de deux méridiens espacés entre eux de 5', la valeur de y est à peu près constante et très voisine de 1 mètre.

Il en résulte que pour les méridiens successifs de

(1) Aux échelles topographiques, la courbure des parallèles est assez faible pour que l'on puisse considérer comme identiques les longueurs comptées, soit sur le parallèle, soit sur sa tangente, dans les limites de grandeur des planchettes.

5' en 5', les valeurs de y peuvent être prises égales à 1, 4, 9, 16, 25 mètres; *ce résultat est indépendant de l'échelle*; il suffit de mesurer, sur le dessin, x et y à l'échelle même du canevas. On voit donc que la courbure des parallèles est toujours très faible; la valeur *graphique* de l'ordonnée y n'est que de quelques dixièmes de millimètre.

Pour tracer ensuite le parallèle correspondant à la latitude de 50° 60, on prend sur le méridien moyen $AA' = 1000^m,14 \times 5 = 5001$ mètres et on porte à partir de A' sur A'C' perpendiculaire à AY, la longueur A'B' égale à $5 \times 702,76 = 3514$ mètres; puis $A'C' = 7028$ mètres; enfin, on prend sur les méridiens successifs les longueurs bb', cc' égales à AA', de sorte que les parallèles voisins se trouvent tracés parallèlement à celui Abc.

Voici une construction un peu différente, indiquée par le colonel Prudent (fig. 14).

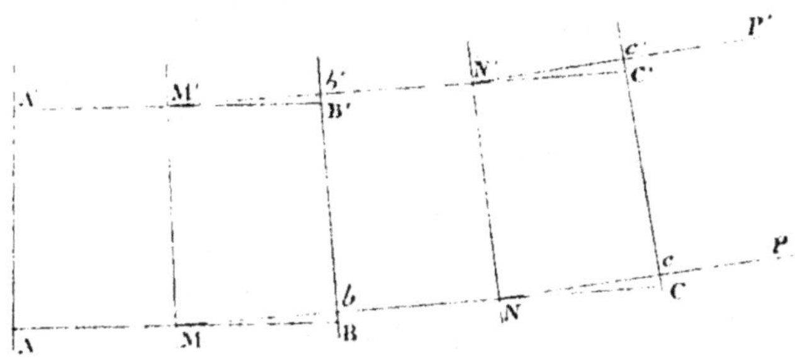

Fig. 14.

AA' étant le méridien central, on lui mène, par les points de passage A et A' de deux parallèles situés vers le bas et vers le haut de la feuille de projection, les perpendiculaires AB et A'B', limitées au méridien suivant BB', et dont les longueurs sont fournies, comme il a été dit ci-dessus, par les tables spéciales. Les points M, M' étant pris au milieu de AB, A'B', on mène par ces points, à BB', les perpendiculaires MbC, M'b'C', dont les longueurs sont telles que l'on ait : bC = AB ; b'C' = A'B'. Les points C et C' déterminent le méridien suivant; on répète la même construction, en prenant N et N' au milieu de bC et de b'C' et l'on mène NcP, N'c'P' perpendiculaires à CC'. Les lignes polygonales AMbNcP, A'M'b'N'c'P' représentent graphiquement les parallèles extrêmes; ceux intermédiaires se traceront parallèlement aux premiers.

Placement des points trigonométriques.

Plusieurs procédés sont employés pour le placement des points trigonométriques sur une feuille de projection. On recommande quelquefois l'emploi du compas de proportion; à défaut de cet instrument, voici comment nous opérons : soit à construire le point P défini par :

Latitude : L = 50ᵍ 58 70''.

Longitude Est : M = 5ᵍ 02 67''.

Il est facile de voir que ce point se trouve compris dans le trapèze représenté ci-après (fig. 15); de plus, sa latitude peut être considérée comme égale à 50ᵍ 55' + 3'70'' et sa longitude égale à 5ᵍ 00' + 2'67''. Pour trouver la position de la ligne LL sur laquelle doit se trouver le point P, il suffit de chercher quelle est la longueur graphique correspondant à 3'70'' en latitude; la minute de méridien valant à très peu près 1000 mètres, la longueur cherchée est égale à 3 7 0 mètres. On mènera donc LL parallèle à la base 50ᵍ 55' du trapèze et à une distance de cette ligne égale à 3 700 mètres à l'échelle du canevas. Ensuite, cherchant dans la table la valeur

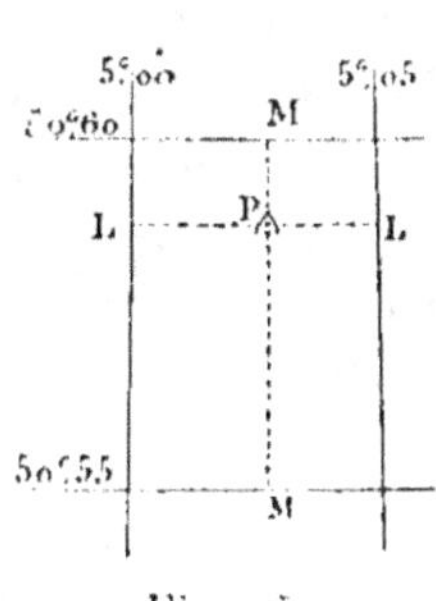
Fig. 15.

de la minute de parallèle pour $L = 50^g 5870$, on trouve 702^m,90; par suite 2'67" valent : $702,90 \times 2,67 = 1877$ mètres. On prendra donc à partir du méridien 5^g, $LP = 1877$ mètres, ce qui fixera la position du point P.

On peut vérifier en recommençant les constructions à partir de 5^{g}05 et de 50^{g}60.

L'avantage de ce procédé est de n'exiger d'autre instrument que l'échelle divisée dont on se sert pour établir le canevas; il est bien entendu que cette échelle doit être en concordance parfaite avec les écartements des méridiens et des parallèles. On tiendrait compte, s'il y avait lieu, du retrait du papier par une petite correction proportionnelle, qui pourrait

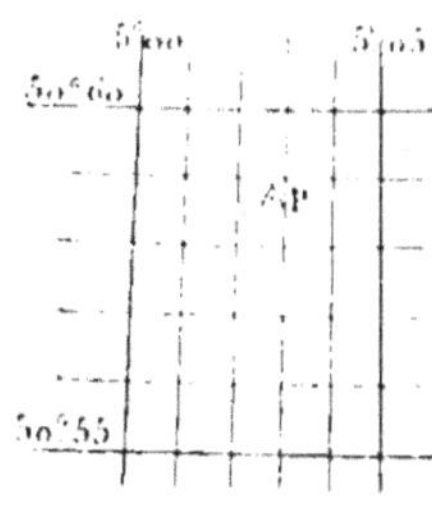
Fig. 16.

d'ailleurs être différente dans le sens des méridiens et dans celui des parallèles.

Un autre procédé employé par les cartographes consiste à subdiviser par un carroyage serré les grands quadrilatères en petits quadrilatères de 1 à 2 centimètres de côté (fig. 16). Supposons par exemple qu'il s'agit de l'échelle du 50 000e; on trace les méridiens et les parallèles de minute en minute de grade, espacés respectivement de 14 et de 20 millimètres environ; ils sont tracés en traits rouges fins, renforcés de 5' en 5', en traits noirs de 10' en 10'.

On établit ensuite, sur les bords d'équerre d'une bande de papier fort, deux échelles correspondant à la longueur moyenne. dans la région, de la minute de méridien pour l'une, de parallèle pour l'autre; chacune de ces échelles est subdivisée en 10 parties; chaque partie représente 10 secondes. Pour faire l'application d'une de ces échelles dans le quadrilatère qui contient le point P, par exemple entre deux méridiens (fig. 17), on

partage *à vue* la différence très petite constatée entre l'écartement de ces méridiens et la longueur de l'échelle dans le même rapport et dans le même sens que cet écartement est partagé par le

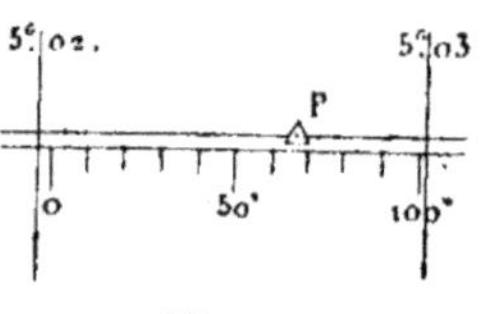

Fig. 17.

point P. Il ne reste plus qu'à placer celui-ci en regard de la division de l'échelle qui correspond à la longitude, et sur la ligne qui a dû être précédemment tracée, par un moyen identique, entre deux parallèles. On peut, pour vérifier, recommencer la construction en sens inverse, c'est-à-dire en partant, par exemple, du méridien de droite au lieu de partir de celui de gauche.

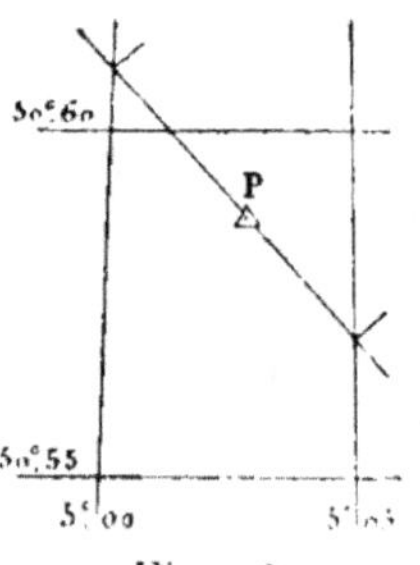

Fig. 18.

Enfin on peut encore employer le procédé de *l'échelle oblique*, consistant à insérer *obliquement* (fig. 18) entre les deux méridiens une longueur. divisée décimalement, plus grande que l'écartement de ces méridiens; l'échelle décimale avec laquelle on subdivise l'intervalle des parallèles peut servir à cet usage. Ce procédé, sans être rigoureusement exact, l'est cependant suffisamment si l'obliquité n'est pas trop forte.

II. — Exécution du canevas général.

Établissement d'une station.

La triangulation graphique qui doit constituer le canevas général emprunte ses côtés de départ à des points trigonométriques convenablement choisis et que nous supposons accessibles; c'est donc par ces points que le topographe commencera l'exécution du canevas pour le continuer par ceux qui figurent au projet. Chacun d'eux doit être, en principe, matériellement représenté sur le sol par un objet naturel ou artificiel qu'on nomme un *signal*, et qui peut être un mouvement de terrain caractéristique, une pointe de rocher, une construction permanente ou temporaire telle que : clocher, chapelle, maison ou chalet isolé, pont, croix ou enfin une pyramide en pierres sèches construite *ad hoc*.

Dans la haute montagne, les signaux naturels (particulièrement les rochers remarquables) seront le plus fréquemment employés par économie ; cependant, comme ils prêtent souvent à la confusion ou donnent lieu à l'indécision du pointé, on sera dans certains cas obligé de les définir exactement au moyen de pyramides ou de restaurer celles de l'ancienne triangulation de la Carte de France qui auraient disparu.

D'ailleurs, pour toutes les stations topographiques importantes, il est recommandé à l'opérateur de laisser une trace apparente de son stationnement, au moins par quelques pierres *régulièrement* superposées et, dans tous les cas, de prendre un croquis du signal auprès duquel il a stationné.

La planchette sera installée, en général, dans le voisinage immédiat du signal ; si l'écart est faible (par exemple, 2 mètres au 20 000ᵉ ou 5 mètres au 50 000ᵉ), on pourra confondre sur la feuille de levé, sans erreur appréciable pour l'orientation, la projection de la station avec celle du centre du signal.

Si l'écart dépasse notablement ces chiffres, il faudra représenter sur le levé (par une opération d'ailleurs très simple), le point de station à sa vraie place par rapport au centre du signal.

Il pourra être nécessaire, pendant le cours du travail, de donner à la planchette plusieurs positions successives pour embrasser toutes les parties de l'horizon.

Travail à la station.

La planchette étant installée, le premier travail du topographe est d'y placer, en l'orientant, le fragment de la carte au 80 000ᵉ sur lequel il a reporté son projet de canevas et de faire une *reconnaissance visuelle*, ayant pour but de *débrouiller* l'horizon de la station (1), de rechercher les points trigonométriques auxquels il doit se rattacher, ainsi que tous les points du canevas qu'il doit viser ; il ne négligera pas de s'aider de quelques visées rapides à l'alidade, toutes les fois qu'il hésite sur l'identification d'un point important ; cette reconnaissance sera d'ailleurs limitée au rayon d'action utile de l'instrument, au delà duquel la valeur des déterminations tant en planimétrie qu'en altimétrie deviendrait

____

(1) Il est avantageux, pour cette recherche, d'être muni d'une jumelle ou d'une longue-vue d'un grossissement suffisant.

par trop faible, tout en faisant perdre à l'observateur un temps précieux.

Cette recherche terminée, il faut *orienter* très exactement la planchette ; pour cela, on dispose l'alidade de façon que son arête passe à la fois par la projection de la station et par celle de l'un des signaux qui doivent servir de points de départ au canevas ; puis on fait tourner la planchette jusqu'à ce que ce signal soit exactement pointé par la lunette ; on vérifie cette orientation sur un ou plusieurs autres signaux et on la rectifie au besoin en se basant surtout sur les plus éloignés d'entre eux, puis on arrête la planchette dans cette position. On peut alors fixer le *déclinatoire*, de façon que la pointe bleue de l'aiguille se trouve en face de son trait de repère (1). Le déclinatoire est utile pour obtenir une première orientation approchée, notamment dans le cas du relèvement, mais on ne doit jamais se contenter, *pour les stations du canevas*, de l'orientation ainsi obtenue ; elle ne sera utilisée que pour les stations de détail.

On procède ensuite aux visées de tous les points du canevas général ; pour ceux d'entre eux qui doivent à leur tour servir de stations, il est essentiel de tracer les directions correspondantes *sur toute la longueur de la règle*, afin d'assurer l'exactitude de l'orientation qui, plus tard, sera appuyée sur cette direction dans la *visée inverse*. Vers l'extrémité de chaque trait, on inscrit provisoirement et très légèrement le nom du point

(1) Nous avons dit que la boîte du déclinatoire doit être assujettie au moyen de *deux* vis ; on aura toujours soin, du reste, pour plus de sécurité, d'entourer cette boîte d'un trait de crayon, et de s'assurer de temps à autre que les vis sont bien serrées.

visé (1). Ce nom est inscrit également sur le *carnet d'observations* (2), ainsi que la lecture faite sur l'éclimètre ; il est accompagné d'une désignation plus complète, si c'est nécessaire, et même d'un *croquis* précisant la forme et la position du signal ou de l'objet pointé. Il est très utile de s'assurer de temps à autre, sur les points de départ, que l'orientation de la planchette n'a pas été dérangée.

L'établissement des autres stations du canevas ne présente que la répétition des mêmes opérations. Lorsque, par suite de l'avancement du travail, on obtiendra par intersections graphiques des points nouveaux, on tiendra compte des principes établis plus haut (3), relativement aux conditions que doivent remplir les diverses directions concourant à déterminer la position de chaque point, position qui ne devra être acceptée comme définitive, que lorsque toutes ces conditions paraîtront suffisamment remplies.

Une précaution essentielle à observer est celle relative à l'*orientation correcte de la planchette* qui (sauf dans le cas du relèvement) doit toujours être obtenue en s'appuyant sur une direction tracée précédemment sur une longueur égale à celle de la règle de l'alidade, et vérifiée en pointant un signal aussi éloigné que possible de la station.

Lorsque la position d'un point sera arrêtée sur la minute, on en calculera immédiatement l'altitude (au

(1) Les points du canevas, de même que les points de détail les plus importants, doivent être désignés, autant que possible, *par des noms* ; on réserve les lettres ou chiffres pour les points de détail de minime importance et non dénommés.

(2) Voir chap. V, p. 116.

(3) *Méthodes et procédés de levés*, p. 40.

moins provisoirement) au moyen des inclinaisons des visées et des distances mesurées graphiquement (1) ; ces calculs seront revisés et au besoin corrigés, au gîte.

Il sera utile, en vue des levés de détail, de tenir un *répertoire* des points du canevas, donnant leur désignation et leur altitude définitive, résultant des calculs des moyennes.

Les diverses stations du canevas général forment, avons-nous dit, un enchaînement continu qui, s'appuyant sur les côtés de départ empruntés à la triangulation, doit également se fermer sur des points trigonométriques. C'est le seul moyen d'obtenir un contrôle rigoureux de l'exactitude des opérations graphiques et de celles du nivellement.

Relèvement sur trois points.

Procédé du Génie militaire. — Le relèvement à la planchette sur trois points connus peut s'exécuter au moyen d'un procédé de tâtonnements qui est ainsi décrit par le colonel Goulier (2) :

« Soient a, b, c, d, les représentations de quatre points trigonométriques et x la position à déterminer sur le dessin d'un signal **X** où l'on stationne (fig. 19). Si la planchette était correctement orientée, les visées faites sur les signaux et menées par les points a, b, c et d devraient concourir au point x. Mais si l'orientation est obtenue seulement avec le déclinatoire, et si, comme cela sera fréquent, les lignes sont longues sur le dessin, leur concours ne sera pas correct et les directions pas

(1) Voir chap. V, § 1.
(2) *Etudes...*, note C, § 9.

sant par a, b, c, formeront un triangle d'erreur t' (fig. 20).
Alors les angles $a'1'b'$, $b'2'c'$ étant sensiblement égaux
aux angles axb, bxc, on obtiendrait la vraie position du point x en traçant par $a'b'$ et $b'c'$ les segments capables des angles axb, bxc, segments qui par leur intersection donneraient le point x.

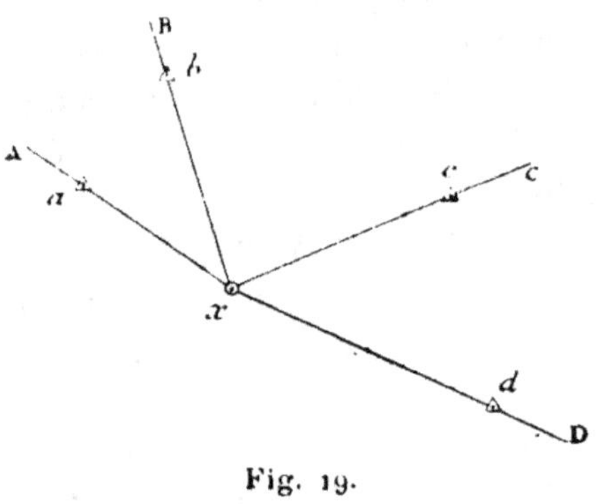

Fig. 19.

« Mais au lieu de faire cette construction, qui exige
l'emploi d'une règle, d'une équerre et d'un compas, on
trace d'abord *à vue* ces segments capables pour obtenir
x' position approchée du point x ; puis on désoriente la
planchette de telle sorte que la visée sur A passe à gauche de x' et on trace encore les trois visées qui donnent le nouveau triangle d'erreur t'', dont les sommets $1''$ et $2''$ sont sur les mêmes

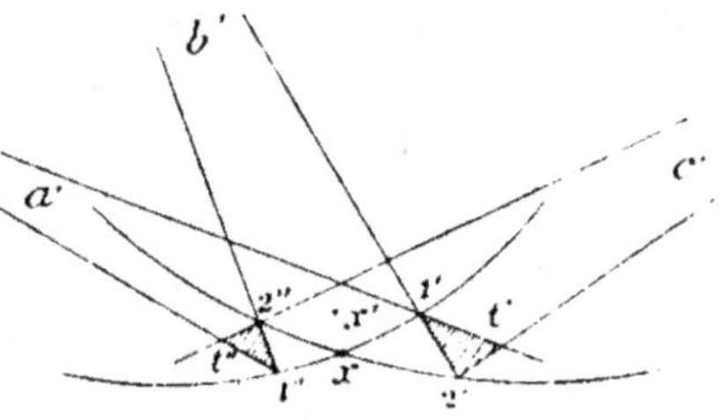

Fig. 20.

segments capables que $1'$ et $2'$. Enfin on joint les
points $1'$ et $1''$, $2'$ et $2''$, par des droites qui, à cause de
leur faible longueur, représentent assez bien les arcs
de segments capables cherchés dont l'intersection
donne la vraie position du point x.

« Il est bon d'insister sur les détails : 1° ici, comme dans le procédé d'intersections, l'exactitude exige que les cordes 1'1″, 2'2″, qui par leur intersection donnent le point cherché, se coupent sous un angle de 50 grades au moins, ce dont on pourra s'assurer à l'avance en traçant les segments capables sur la carte au 80 000ᵉ ; 2° il est indispensable aussi que la détermination soit vérifiée par le concours, avec les trois visées précédentes, d'une quatrième visée dirigée sur D et passant par d. En effet, alors même qu'ont eût commis la faute de viser sur un point E, croyant viser le point C, on n'en trouverait pas moins un point de concours pour les trois premières visées, mais ce point serait faux, d'où la nécessité de viser un quatrième point D, par exemple, avec la condition que cette quatrième visée soit convenablement inclinée sur chacune des trois précédentes ; 3° quand la position du point x a été bien déterminée, il reste, pour faire la station X, à y orienter la planchette aussi exactement que possible. Pour cela, comme on ne peut pas appuyer le bord de la règle sur une ligne tracée d'une station antérieure, il faut bien se contenter de l'appuyer sur le point x et sur l'un des points visés. Mais les positions de ces deux points peuvent être erronées de e ; la planchette pourra donc être désorientée de $\dfrac{2e}{d}$, d étant la distance des deux points. On en conclut que plus la distance sera grande, plus l'erreur de l'orientation sera faible. On aura donc grand intérêt à s'orienter sur le point trigonométrique le plus éloigné, alors même que ce point ne serait pas l'un des quatre qui ont servi à déterminer x. »

La solution qui précède est avantageusement complétée par les indications suivantes, émanant du Service géographique de l'Armée (1).

« Après avoir obtenu un premier *chapeau* (triangle sous lequel se recoupent les visées) on modifie l'orientation de la planchette. Si, au deuxième essai, le chapeau est agrandi, il faut chercher la correction en sens opposé; s'il est réduit, il faut continuer à tàtonner dans le même sens tant qu'il conserve sa disposition; s'il est renversé, c'est signe qu'on a dépassé le but et il faut alors revenir en arrière pour avoir la correction exacte.

On réduira le nombre des tàtonnements en opérant méthodiquement, et en remarquant que :

1° Le point est à l'intérieur du chapeau si la station se trouve elle-même à l'intérieur du triangle ayant les points visés pour sommets.

2° Si la station se trouve en dehors du triangle, le point est en dehors du chapeau et du côté de sa plus grande base.

3° Le point se trouve à la rencontre des trois circonférences qui joignent les sommets analogues des triangles successivement obtenus dans les tàtonnements. »

Procédé de la Carte du Mont Blanc. — Nous devons ajouter que, dans nos opérations de triangulations graphiques, nous nous sommes toujours servi d'une solution qui nous est propre, et dont nous nous contentons d'énoncer ici le principe (2); elle repose sur la remarque suivante (fig. 21) : « le point cherché x est situé, pour

(1) *Instruction pour l'exécution des travaux topographiques en Algérie et en Tunisie.* Imprimerie du Service géographique, 1894.

(2) Nous faisons usage de ce procédé depuis une dizaine d'années; nous l'avons toujours trouvé plus rapide, plus simple et aussi exact que le procédé du Génie.

l'observateur placé à la station, du même côté par rapport à chacune des directions tracées *a*, *b*, *c*, et ses écarts α, β, γ, à chacune d'elles sont proportionnels aux distances de la station aux signaux A, B, C, correspon

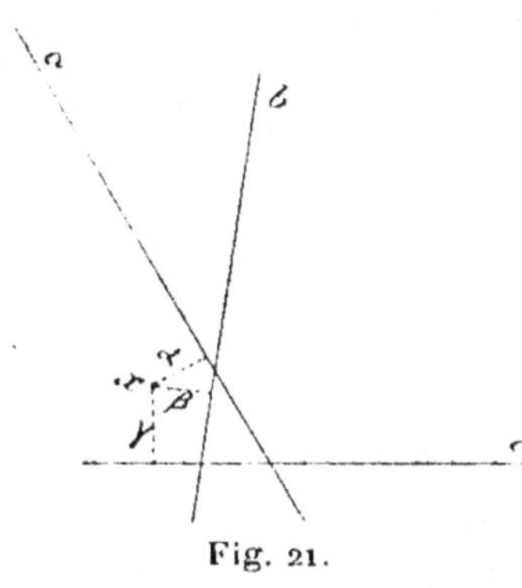

Fig. 21.

dants ». Avec un peu d'habitude et de réflexion, on arrive à placer *à vue* le point *x*, du premier coup, avec d'autant plus de sûreté que les signaux sont mieux disposés pour le relèvement.

Il va sans dire, d'ailleurs, que la position *x* doit être vérifiée comme il est indiqué ci-dessus, tant par une quatrième visée que par une seconde orientation de la planchette, basée sur la position *x* et sur celle d'un signal aussi éloigné que possible.

Emploi du papier à calquer (1). — « Un second procédé, basé sur les mêmes principes géométriques, mais plus commode, est le suivant : on fixe sur la planchette, avec quelques points de colle à bouche, une feuille bien plane de papier transparent. On y marque un point *x* qui devra représenter la station, et l'on fait passer par ce point quatre à cinq visées dirigées sur des points trigonométriques *dont l'un soit très éloigné*. On détache ensuite la feuille de papier transparent, et on la déplace sur la planchette jusqu'à ce que les directions tracées concordent avec les représentations des points sur lesquels elles sont dirigées.

(1) Colonel GOULIER, *Études...*, note C. ; 10. p. 502.

« Enfin, on pique le point x sur la planchette et l'on continue comme précédemment. On voudra bien remarquer que ce procédé exige, comme le précédent, qu'on examine sur la carte au 80000ᵉ si les segments capables se coupent sous des angles convenables. De plus, il suppose que l'on a sur le terrain une feuille de papier transparent *ni pliée, ni froissée, et que le temps est assez calme pour permettre son emploi* » (1).

III. — OPÉRATIONS DE DÉTAIL A LA PLANCHETTE DÉCLINÉE.

Stations de détail.

Dans les levés réguliers, les opérations de détail sont appuyées sur un canevas de détail, constitué par des cheminements formant des polygones accolés. Dans la haute montagne, ce système n'est pas applicable ; la plupart des stations de détail doivent être obtenues indépendamment les unes des autres, par *relèvement* sur des points du canevas général, la planchette étant toujours *déclinée*, c'est-à-dire orientée à l'aide du déclinatoire ; dans ce cas, le relèvement est d'un emploi pratique et suffisamment exact, eu égard au faible espacement des points du canevas ; il offre, de plus, l'avantage de permettre à l'opérateur de choisir sa station de la manière la plus favorable pour découvrir le terrain environnant. Les stations du canevas, généralement bien situées à ce point de vue, sont également utilisées pour les opérations de détail.

(1) C'est nous qui soulignons ; ces deux conditions indispensables sont, à notre avis, généralement irréalisables en haute montagne ; ce procédé devra être réservé pour le bureau. (Voir chap. VI, § 2, p. 148.)

Quant aux *cheminements*, ils ne sont guère possibles que dans les vallées ; dans ce cas, ils ne sont pas fermés sur eux-mêmes, mais ils se rapprochent plus ou moins de la forme rectiligne et sont bridés sur quelques points du canevas général, disséminés sur le parcours.

Les cheminements continus à la planchette déclinée et au jalon-mire ne peuvent convenir que pour les levés précis et à grande échelle. Le procédé le plus sûr consiste à opérer par visées directes et inverses en échangeant chaque fois l'instrument et la mire ; mais il est très lent. On peut gagner du temps en sautant une station sur deux, mais alors on n'a plus d'autre vérification des opérations que la fermeture sur un point connu. Nous n'insistons pas davantage sur cette opération, qui trouvera rarement son application dans la topographie alpine.

Levé des détails et figuré du terrain.

Il y a lieu de distinguer deux cas, suivant que l'on opère aux grandes ou aux petites échelles.

Dans les levés à *grande échelle* (du 5000ᵉ au 20 000ᵉ), quel que soit le procédé adopté pour la détermination des stations (relèvement ou cheminement), il est avantageux pour le levé des détails ou le figuré du relief d'opérer par *rayonnement* en fixant *stadimétriquement* au moyen de la règle à éclimètre et du jalon-mire (1), tenu

---

(1) Nous avons dit (*Description et usage de la règle à éclimètre*, p. 20) que le jalon-mire peut être remplacé par une mire improvisée ; on peut aussi, quoique avec moins de commodité et de précision, utiliser par le même procédé l'alidade nivelatrice.

par un aide, un certain nombre de points autour de la station, qui permettent de mettre en place très rapidement et avec sûreté les détails, et de dessiner le figuré du terrain par *courbes horizontales* (1) dans un rayon de 150 à 200 mètres autour de la station (2).

Ceci suppose, toutefois, que le terrain est parcourable par l'aide sans trop de difficultés et que l'opérateur dispose des loisirs nécessaires pour ce genre de levé (3).

Lorsqu'on opère aux *petites échelles* (du 20 000e au 50 000e) et par conséquent d'une façon plus expéditive, le terrain se dessine *à vue* autour de la station ; les quelques points de remarque qui servent à diriger ce dessin sont obtenus par intersection, tant en position qu'en altitude, de deux ou trois stations successives ; ils doivent être choisis de façon à aider au tracé des *lignes caractéristiques* du sol.

Ces lignes sont : les *thalwegs* (4), les *changements de pente* importants, les lignes d'intersection des versants inclinés avec les fonds de vallées (*pieds de pente*) ou avec les plateaux (*crêtes*) ou des versants principaux avec les versants secondaires (*arêtes*) ou des versants entre eux (*faîtes*, lorsqu'ils sont opposés, *gouttières* lorsqu'ils se regardent).

---

(1) L'expression, *sections horizontales*, a été adoptée par le colonel Goulier pour désigner les projections horizontales des intersections du terrain par les plans horizontaux successifs, généralement connues sous le nom de *courbes horizontales* ou *courbes de niveau ;* nous considérerons ces diverses expressions comme équivalentes.

(2) On lève ainsi correctement et rapidement le contour d'un lac.

(3) Le *filage* des sections horizontales sur le terrain, qui définit très correctement le relief dans les pays moyennement accidentés, est malheureusement à peu près inapplicable dans la haute montagne.

(4) MM. les géographes E. et O. Reclus disent : *coulières ;* MM. Daubrée et Schrader disent : *fil d'eau ;* signalons encore, parmi les mots anciens, celui de *aigueverse* pour *versant.*

Le terrain est modelé par des amorces de courbes horizontales, dont on détermine sur place la direction et dont l'écartement est réglé d'après la plus grande pente du terrain et l'équidistance adoptée (1), l'inclinaison peut s'évaluer très aisément par une visée faite au clisimètre parallèlement au sol.

Pour compléter le tracé de ces courbes horizontales, on détermine leurs points de passage sur les lignes caractéristiques d'après les quelques cotes qui y ont été semées; sur ces lignes, les sections présentent généralement un point de brisure ou du moins de plus faible courbure. Il ne reste plus qu'à modeler le terrain en réunissant les amorces ayant même cote (2).

Dans le cas d'un terrain entièrement constitué par des parois de rocher plus ou moins inclinées, les courbes de niveau sont généralement remplacées par un figuré rappelant, autant que possible, l'allure et la texture de ce rocher. Toutefois, dans le cas d'un sol rocheux d'inclinaison modérée, les courbes peuvent être conservées (3).

(1) La règle à éclimètre et l'alidade nivelatrice portent, sur leur biseau, une échelle des cotangentes des pentes donnant l'écartement des *sections horizontales* pour une équidistance graphique de 1 millimètre, qui est la plus avantageuse à employer pour ces sortes de levés.

(2) Il est bien évident que nous ne pouvons ici donner, sur le figuré du terrain, que des indications extrêmement sommaires, qui doivent être (en dehors de l'expérience à acquérir sur le terrain) complétées par la lecture d'ouvrages spéciaux; nous citerons notamment : *Les formes du terrain*, par le général de La Noë et E. de Margerie; *Éléments de la topographie*, par le colonel Crouzet; *Topographie*, par Eug. Prévot, livre II, méthodes; appendice, étude du terrain. *Cours de topographie*, de l'École d'application de l'artillerie et du génie, étude du terrain.

(3) Les feuilles au 50000ᵉ de la **carte** suisse (atlas Siegfried) offrent de très beaux exemples de figuré de rocher, tant dans les terrains primitifs que dans les terrains sédimentaires.

Lorsqu'il s'agit de lever les grands versants ayant une inclinaison voisine de celle des éboulis (0,60 à 0,70), il n'est plus guère possible d'y faire utilement des stations de planchette, d'autant plus que, souvent, ces versants sont couverts de forêts ; on est obligé, alors, de les dessiner depuis le versant opposé, en fixant le plus qu'on peut par intersection des points de remarque tels que lisières de bois, coudes ou confluents des couloirs et des torrents qui en descendent, etc. On s'aidera également de cheminements à la *planchette à main*, exécutés sur les chemins et sentiers qui les parcourent. La régularité habituelle de la pente de ces versants facilite d'ailleurs leur modelé. Les glaciers très inclinés ne peuvent guère être levés autrement qu'en fixant par intersection quelques points remarquables de leur surface ; on s'attachera à déterminer avec précision la partie inférieure de leur front par où s'échappe généralement le torrent glaciaire.

On ne manquera pas de déterminer avec soin la position et l'altitude des cols ; on ne pourra pas toujours le faire par intersection ; il faudra alors établir une station soit au col lui-même, s'il est largement ouvert, soit en un point voisin du col, d'où l'on puisse prendre un bon relèvement ; cette station sera ensuite *rattachée* au col par un cheminement.

DEUXIÈME CAS : MODE EXPÉDITIF

Levé par enregistrement graphique et rédaction hors du terrain.

I. — TOURS D'HORIZON A LA PLANCHETTE.

Organisation du travail et préparation des planchettes.

Ce mode d'opérer ne modifie en rien l'établissement de l'avant-projet, la constitution du canevas, la reconnaissance de la région ; mais la construction graphique des points ne se faisant pas sur le terrain, l'organisation des planchettes et du travail à la station doit être modifiée en conséquence. Cette organisation, dont les éléments sont d'ailleurs empruntés à la topographie régulière (1), a été appliquée avec succès aux levés exécutés dans les Pyrénées espagnoles par des membres du Club alpin (2) et nous croyons utile, vu les services qu'elle est appelée à rendre dans la topographie expéditive en haute montagne, de la décrire avec quelques détails (3).

La planchette étant destinée uniquement à l'enregistrement graphique des directions azimutales et des indications qui les accompagnent, ses dimensions peu-

(1) Colonel GOULIER, *Études...*, note C, § 6.

(2) Sous cette forme, l'emploi des tours d'horizon a été spécialement mis en pratique dans les Pyrénées par M. Schrader, et l'organisation des constructions graphiques et calculs est due plus particulièrement au colonel Prudent.

(3) On peut consulter à ce sujet notre *Note sur l'emploi de la règle à échimètre du colonel Goulier dans les levés géographiques* (Ann. C. A. F., 1890), ainsi que la *Contribution à la carte des Pyrénées espagnoles*, par le comte de SAINT-SAUD (Toulouse, 1894).

vent être réduites à celles strictement nécessaires pour supporter dans toute sa longueur l'alidade de la règle à éclimètre, soit 0ᵐ,32 en carré ; on pourrait la rendre plus portative encore en la pliant en deux au moyen d'une articulation.

Sur cette planchette, on fixe par ses quatre angles, au moyen de punaises ou d'un dispositif équivalent, une feuille de bristol (1) ; chaque station a sa feuille particulière et elle est traitée absolument comme si elle était indépendante des autres stations.

La question du support et de la planchette a été examinée précédemment (2).

Travail à la station.

La planchette étant mise en station et établie bien horizontalement, sans qu'il soit d'ailleurs nécessaire de lui donner une orientation particulière, on marque au centre de la feuille le point qui y figure la station (3) ; on y plante une aiguille contre laquelle doit s'appuyer constamment le biseau de la règle-alidade (4) ; puis on

(1) On trouve dans le commerce, sous le nom de *carte* dite en 2, en 3, en 4... (c'est-à-dire composée de 2, 3, 4 feuilles superposées), un carton plus économique que le *bristol* et qui remplit le même usage.

(2) Voir chap. II, p. 26 à 28.

(3) Si la station est établie à une certaine distance du signal, qui se traduise graphiquement par une quantité appréciable, on devra enregistrer sur la planchette la direction et la distance de ce signal.

(4) Certaines alidades, *uniquement* destinées à cet usage, ont été disposées pour recevoir un pivot. Un dispositif simple consisterait à fixer sous la règle-alidade une petite plaquette métallique pourvue d'une encoche disposée de manière que l'aiguille, jouant le rôle de pivot, s'y puisse loger exactement sur la direction de l'arête du biseau. M. Schrader a aussi fait appliquer à quelques alidades une clef à levier qui déclenche le disque denté par une faible pression exercée en un point très voisin du centre de rotation de la règle. Ce dispositif a pour but d'éviter l'ébranlement et le dérangement de la planchette, qui peuvent résulter de déclenchements répétés.

vise successivement tous les points remarquables en vue en commençant par les points *primaires*, c'est-à-dire les points trigonométriques et ceux qui ont déjà servi ou doivent servir ultérieurement de stations. Pour chaque point visé, on trace le long du biseau de la règle un trait de crayon qui doit passer aussi exactement que possible par le centre ou tout au moins être parallèle à la direction de ce biseau.

Pour toutes les directions dont il importe d'assurer l'exactitude, notamment pour les visées primaires, ce trait est prolongé *en deçà* du centre sur toute la longueur de la règle. Chaque fois on lit l'inclinaison sur le point visé et on inscrit cette lecture vers l'extrémité du rayon correspondant ainsi que le nom de ce point, s'il est connu, ou une désignation abrégée qui en tient lieu. L'ensemble de ces opérations s'appelle *faire un tour d'horizon* (1).

L'ordre dans lequel on fait les visées *secondaires* dépend surtout des circonstances atmosphériques ; en général, il convient de commencer par viser les hauts sommets dès qu'ils sont visibles afin d'éviter les nuages floconneux qui souvent s'y attachent de bonne heure et y persistent jusqu'au soir, en les masquant à la vue de l'observateur. Pour les points situés sur les versants, il y a avantage à viser le matin ceux exposés au levant, et l'après-midi ceux tournés vers le couchant. Dans tous les cas, il convient de numéroter les visées par ordre chronologique (2).

(1) Cette opération est analogue à celle qu'on exécutait autrefois avec la planchette circulaire du xviie siècle.

(2) Cette précaution peut être utile plus tard pour rechercher et corriger un désorientement accidentel.

Afin de mieux définir les objets visés et d'aider à leur identification au moment de la rédaction, il est utile de figurer vers l'extrémité de chaque rayon un croquis de cet objet. Si, au lieu de se limiter à des croquis isolés, on réunit ceux-ci par des lignes continues correspondant aux lignes naturelles du terrain, on arrive progressivement à tracer des *vues périscopiques* dont le principe, d'ailleurs, est depuis longtemps connu (1).

Enfin si l'on régularise ce tracé en rapportant graphiquement, suivant une échelle déterminée, et au-dessus ou au-dessous d'une circonférence de rayon convenablement choisi représentant la ligne d'horizon circulaire (2), les hauteurs apparentes des objets visés, on obtient un *panorama rayonnant* tout à fait analogue, à la précision près, à l'*anamorphose* régulière produite mécaniquement par le style de l'orographe Schrader. Pour faciliter le tracé de ces sortes de panoramas, on peut coller, sur le biseau de la règle-alidade, une échelle divisée dont le zéro correspond à la circonférence d'horizon, et dont la graduation est

(1) On trouvera dans l'ouvrage du colonel LAUSSEDAT : *Recherches sur les instruments, les méthodes et le dessin topographiques* (Gauthier-Villars, 1901), t. II, p. 27, à l'article *Panoramas rayonnants*, des exemples de perspective rayonnante, notamment une vue panoramique prise du sommet du Buet par l'illustre de Saussure, un tour d'horizon des environs de Metz dessiné par Bardin, des tours d'horizon obtenus par la *planchette photographique* du Dr Chevallier, et par le *périgraphe instantané* du colonel Mangin ; enfin dans les *Annuaires du Club alpin français*, de 1879, p. 283, et de 1882, p. 320, on trouvera des fragments de tours d'horizon relevés à l'*orographe* Schrader, antérieur en date au périgraphe Mangin.

(2) Ce rayon doit être pris aussi grand que possible, mais de façon que les plus hauts sommets ne sortent pas des limites de la planchette ; dans ces conditions, les premiers plans ne sont pas trop défigurés ; les feuilles de bristol peuvent être préparées d'avance avec leurs cercles tout tracés.

proportionnelle aux angles d'inclinaison des visées (1).

Le tracé de ces vues périscopiques a aussi l'avantage de déceler aux yeux de l'observateur, au moment où il dessine, les fautes de lecture qu'il a pu commettre. Dans l'enregistrement des inclinaisons, les lectures en grades sur l'éclimètre peuvent d'ailleurs être efficacement contrôlées par celles faites sur l'alidade nivelatrice, qui donne les tangentes des angles.

De temps à autre, on doit réitérer l'une des premières visées, surtout les visées primaires, pour s'assurer que la planchette n'a pas été dérangée, et aussi pour obtenir par cette réitération un accroissement de la précision.

Le dessin et les écritures exécutés sur le terrain doivent être aussi nets que possible, car, dans ce genre de levés, on ne doit rien repasser à l'encre de ce qui est dessiné ou inscrit sur le terrain (2).

II. — Tours d'horizon photographiques.

Rôle de la phototopographie en haute montagne.

L'emploi de la photographie comme procédé topographique a été longtemps et est encore aujourd'hui l'objet de vives controverses (3) ; mais, pour nous, la

---

(1) Il est rationnel de supposer que l'on produit ainsi l'anamorphose d'une perspective sphérique, ce qui conduit à porter sur les rayons des longueurs égales représentant des arcs égaux. Si, de plus, on admet l'absence de déformation sur la circonférence d'horizon, les arcs comptés sur cette circonférence auront le même développement que les longueurs correspondantes comptées sur les rayons. Si, par exemple, le rayon de la circonférence est de 127^{mm},3 les traits d'une division en grades seront espacés de 2 millimètres exactement, aussi bien sur les rayons que sur la circonférence d'horizon.

(2) Voir chap. VI, *Réduction des levés*, p. 146.

(3) En outre des ouvrages spéciaux qui traitent de cet emploi, nous

question se pose d'une façon assez simple : sauf de rares exceptions, l'alpiniste qui veut rapporter de la montagne un document ou un souvenir est toujours muni d'un appareil photographique ; il ne l'abandonnera pas en devenant topographe ; nous n'avons donc point à examiner *s'il doit employer* la photographie, mais *comment il doit s'en servir* pour rapporter des documents utilisables. On doit remarquer, d'ailleurs, qu'il se trouve précisément dans les conditions où l'emploi de la photographie est le plus profitable, et d'une indiscutable utilité.

Les levés photographiques réguliers, exécutés à l'aide d'un instrument de précision tel qu'un photothéodolite, ne rentrent pas, nous l'avons dit, dans le cadre de notre sujet, d'abord parce que nous nous occupons plutôt des procédés expéditifs et surtout parce que ces instruments sont d'un prix trop élevé et d'un emploi trop coûteux pour pouvoir entrer dans la pratique courante de la topographie alpine. D'ailleurs, ce serait se faire illusion que de croire à la possibilité et même à l'avantage d'un levé *exclusivement* photographique en haute montagne. Sans doute, théoriquement, la photographie peut se suffire à elle-même ; mais, pratiquement, il n'en est pas ainsi ; il y a, en effet, certains détails qu'elle est impuissante à découvrir et certaines zones dans lesquelles son emploi devient moins avantageux que celui des procédés ordinaires.

Nous conclurons donc que, dans notre cas, la photographie doit jouer un rôle *auxiliaire* et non *exclusif* et

recommandons la lecture d'une étude critique due à la plume du colonel Crouzet et intitulée : *Étude sur l'emploi des perspectives et de la photographie dans l'art des levés du terrain* (Revue du Génie militaire, décembre 1901-janvier 1902).

qu'elle doit être réservée pour opérer les *remplissages* entre les points isolés ; en même temps elle peut servir de *contrôle* pour faire découvrir les fautes commises. Quant au canevas, il sera toujours exécuté par les procédés topographiques usuels.

Conditions d'emploi du procédé photographique.

L'application de la photographie à la topographie n'étant qu'un mode particulier d'opérations, elle n'apporte aucune modification de principe aux méthodes et procédés de levés que nous avons rappelés plus haut et qui restent tous applicables. Cependant, en pratique, nous conseillons de limiter cette application au procédé par *intersection* ; par conséquent, le tour d'horizon photographique doit toujours être exécuté en un point de position connue, ou spécialement déterminé dans ce but par un relèvement indépendant.

Les opérations photographiques doivent être faites avec beaucoup d'ordre et de méthode pour éviter les confusions (1). On adoptera un système de numérotage des clichés, qui sera reproduit sur le carnet de l'opérateur avec l'indication de la station, de la date et de l'heure ; on donnera ainsi aux clichés une valeur documentaire, qui leur manquerait sans cette précaution.

L'opérateur sera surtout guidé par les conditions favorables *d'éclairement* du panorama ; il évitera les temps couverts et les grandes ombres, profitant des positions

<hr>

(1) On trouvera dans les *Annales de l'observatoire météorologique du Mont Blanc*, t. II, p. 243, l'organisation adoptée par notre collaborateur Joseph Vallot pour les levés photographiques de la carte du massif du Mont Blanc.

successives du soleil, pour prendre, pendant qu'elles sont le mieux éclairées, les diverses parties de l'horizon.

S'il dispose d'un nombre de plaques suffisant, il ne devra pas hésiter à réitérer les clichés à la réussite desquels il attache le plus d'importance.

Nous avons indiqué précédemment (1) les conditions que doit remplir l'appareil photographique appliqué aux opérations topographiques ; si ces conditions sont convenablement satisfaites, on pourra obtenir par intersection, à l'aide de constructions graphiques appropriées (2), exécutées d'après les épreuves, les positions et les altitudes approximatives d'un grand nombre de points de détail, qui, venant en aide aux vues périscopiques, permettront de représenter assez correctement le terrain.

Dans le cas où ces conditions ne seraient pas remplies, comme aussi dans le cas où l'on emploierait des appareils photographiques simplement tenus à la main, on ne pourra plus compter sur l'utilisation de constructions géométriques précises tirées des épreuves et celles-ci n'auront guère que la valeur de renseignements, soit pour faire découvrir des fautes, soit pour aider à l'identification des points, soit enfin pour guider le dessinateur dans son travail de restitution (3). Malgré cela, ces vues présenteront toujours un intérêt suffisant, pour qu'on n'hésite pas à les prendre toutes les fois que l'occasion s'en présentera.

L'exposé de la *technique photographique* ne rentre pas

(1) Voir chap. II, p. 35.
(2) Voir chap. VI, *Rédaction des levés photographiques*, p. 150.
(3) Les constructions graphiques sont encore possibles pour l'utilisation des perspectives sur tableau plan incliné, mais elles sont plus pénibles et conduisent à des résultats moins sûrs.

dans notre programme ; on trouvera les renseignements nécessaires dans les publications.spécialement
écrites pour les photographes alpinistes (1).

III. — ITINÉRAIRES DÉCLINÉS ET NIVELÉS.

Emploi du carton ou du carnet décliné.

Dispositifs à adopter. — Le levé d'itinéraire s'exécute
en principe au moyen du *carton portefeuille à bretelle* (2), orienté à l'aide de la *boussole-écrou* (3), mais en
pratique ce dispositif général peut donner lieu à plusieurs variantes ; ainsi, pour la haute montagne, le carton portefeuille est un peu lourd ; sa bretelle est gênante
quand la direction de l'itinéraire change fréquemment
et beaucoup ; on est alors conduit à adopter l'un des
dispositifs ci-après, parmi lesquels chaque opérateur
pourra choisir suivant ses convenances.

Le plus simple de ces dispositifs consiste en un
carton, ou mieux une *planchette* mince et légère,

(1) *La photographie en montagne*, par Eug. Thutat ; Gauthier-Villars,
1894. — *La photographie des montagnes à l'usage des alpinistes*, par
J. Vallot ; Gauthier-Villars, 1899. — *Guide de l'alpiniste photographe*,
par J. Vallot, dans le *Manuel de l'alpinisme* (ouvrage en préparation
chez Laveur, Paris).

(2) Le carton portefeuille à bretelle, imaginé par le capitaine du
Génie Pierre (Philippe), se trouve chez Thomas, au prix de 2 fr. 50 ;
son poids est de 850 grammes ; ses dimensions sont de 0m,26 sur 0m,37.

(3) La boussole à vis et à écrou est un dispositif imaginé par le
colonel Prudent, et qui a remplacé avantageusement l'ancien dispositif à pince. On trouve la boussole-écrou chez Thomas, au prix
de 2 fr. 50. Son poids est de 15 grammes seulement. On peut aussi
fixer sur le carton un petit déclinatoire à aiguille de 0m,04 environ ;
on obtient ainsi les directions avec autant de précision qu'en peuvent
donner les boussoles à main, surtout si l'on se sert d'une réglette
pour tracer les directions, et on a l'avantage d'éviter les lectures, les
constructions des orientements, et les *fautes* qui en sont la conséquence.

de 0^m,20 à 0^m,25 de côté, tenue à la main et munie de la boussole-écrou (1).

Si le carton est entoilé et plié par le milieu, on obtient le *cartable d'orientation* (2), qui peut se mettre dans la poche, de même, d'ailleurs, que la planchette coupée en deux et recouverte d'une peau ou toile formant charnière.

Le *carnet décliné* est un carnet ordinaire, de papier quadrillé, dont toutes les pages sont échancrées dans un angle de façon à former un logement pour la boussole-écrou, fixée à l'intérieur de la couverture.

Le *bloc-notes décliné* (fig. 22) est formé de deux volets en carton réunis par un dos en toile, comme une couverture de livre. L'un des volets

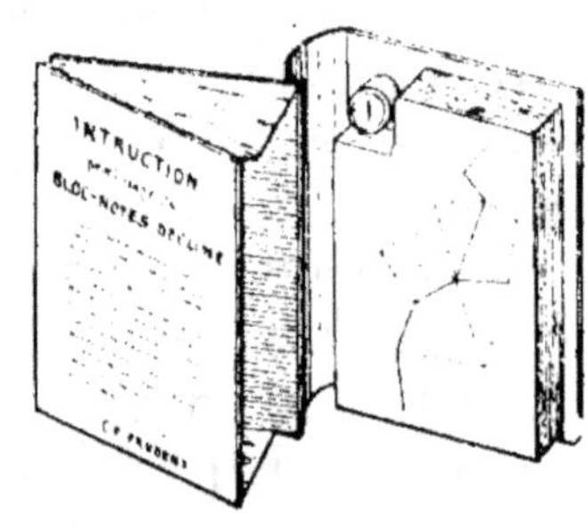

Fig. 22.

porte un bloc de papiers échancré dans un angle pour loger la boussole-écrou. L'autre volet est muni d'une poche à soufflet destinée à recevoir les feuillets dessinés (3).

Tracé des directions. — Quel que soit le dispositif adopté parmi ceux qui viennent d'être indiqués, le pro-

(1) La *planchette à main*, que nous avons fait établir pour les levés du massif du Mont Blanc, est munie de trois petits boulons qui, avec la boussole-écrou, maintiennent la feuille de papier; elle pèse 180 grammes. On la trouve chez Thomas, au prix de 5 francs, compris ces accessoires.

(2) Le cartable d'orientation se trouve chez Thomas, au prix de 3 fr. 25, compris la boussole-écrou.

(3) Le cartable d'orientation, le carnet et le bloc-notes déclinés ont été combinés par le colonel Prudent.

cédé pour tracer une direction est le suivant (fig. 23) (1).
Étant en une station A (non placée sur le papier), le carton tenu horizontalement dans la main gauche à la
hauteur de la poitrine, faire exactement face à l'objet B
sur lequel on veut obtenir une direction, maintenir le

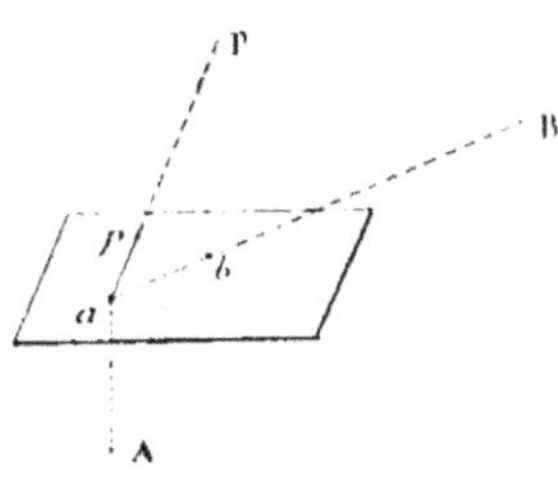

Fig. 23.

papier horizontal et amener vis-
à-vis du milieu du corps, le
point *b* du dessin qui représente
cet objet ; en même temps *décliner* ce papier en maintenant aussi
exactement que possible sur la
lettre N la pointe bleue de l'aiguille aimantée (2) ; enfin, tracer
au sentiment (3) la ligne droite *ba*
dont la direction prolongée passerait par l'objet B et
la station A. On opérerait de même si le dessin conte-
nait le point *a*, représentant la station, mais il est
préférable de tirer le trait en venant vers le corps et
toujours en partant du point connu. Il en résulte
que, dans les itinéraires exécutés sous forme de cheminements, on aurait avantage à se transporter au point
avant pour viser de là le point *arrière*, dont la projection est déjà représentée sur le dessin.

Comme conséquence, lorsque d'une station marquée
sur le dessin, on vise un objet non marqué, on devrait
orienter le papier de façon que la pointe bleue soit sur

(1) Nous conseillons de lire, à ce sujet, les explications très claires
données par le colonel Goulier dans ses *Notions de topographie pour
les alpinistes* (Annuaire du Club alpin français pour 1882, p. 643).

(2) On veillera à ce qu'aucun objet de fer ou d'acier, étant dans les
poches du vêtement, ne se trouve à proximité de la boussole.

(3) On tracera avec plus de sécurité cette direction en s'aidant
d'une réglette en carton ou en bois, telle que celle que nous décrivons
plus loin sous le nom de : *échelle de pas*.

S et non sur N. Cependant cette prescription ne doit pas être considérée comme absolue.

Il est évident qu'en effectuant la même opération depuis deux stations A et B sur un point P non placé, on obtiendra, par *intersection*, la position de ce point sur le papier.

On emploie quelquefois pour placer un point M, le procédé dit *par alignement* (fig. 24); on s'arrête sur l'itinéraire en une station A, telle que le point M se trouve sur l'alignement d'un signal S_1 et on trace S_1A. On fait de même à la station B en utilisant un signal S_2, et le point M se trouve à l'intersection de S_1A et de S_2B. En montagne, ce procédé sera surtout employé pour déterminer la direction d'une arête, d'un couloir, d'un torrent, etc.

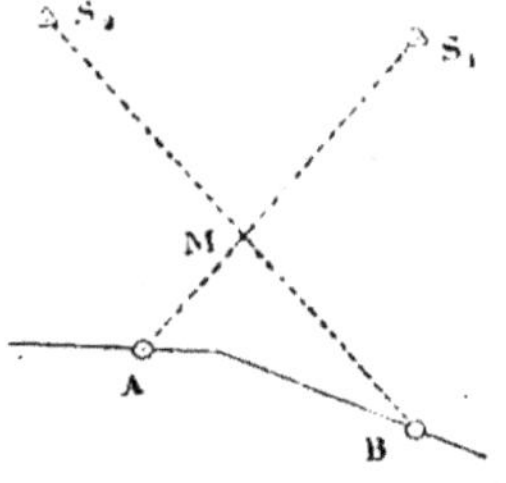

Fig. 24.

De même, parcourant un itinéraire AB (fig. 25), on peut marquer sur cet itinéraire le point M situé en prolongement de la direction des signaux S_1 S_2 et obtenir ainsi une position exacte pour la station M.

On voit donc que le carton décliné fournit le moyen de faire, comme avec la planchette, *un levé complet, à la précision près*; ainsi que l'a dit très justement le colonel Goulier (1) : « Cette manière de faire de la topographie est à la portée de toutes les bourses et de toutes les intelli-

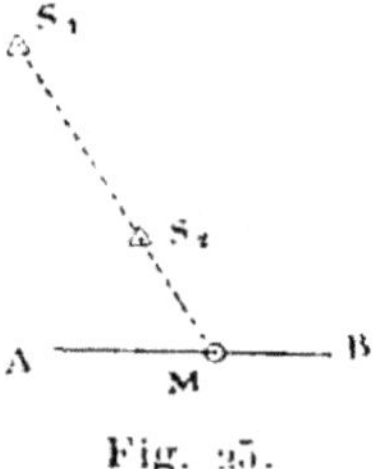

Fig. 25.

(1) *Notices sur les objets exposés en* 1878, p. 42.

gences. » Avec des exercices préalables en terrain connu et déjà levé par les procédés réguliers, et surtout avec du soin, on obtiendra des résultats tout à fait acceptables.

Nous conseillons, à cause du peu de finesse du dessin ainsi exécuté, d'opérer à une échelle assez grande, par exemple double de celle à laquelle doit être faite la rédaction du levé.

Mesure des distances parcourues.

Mesure des distances au pas compté. — Ce procédé est susceptible d'une assez grande précision, lorsqu'il est appliqué par un opérateur exercé. Il est avantageux, comme l'a fait remarquer le colonel Goulier, de compter seulement les *doubles pas* au lieu des pas simples (1); l'assujettissement est diminué de moitié et l'on a deux fois moins de chances d'oublier une centaine (2).

Si le terrain était constamment horizontal, chaque observateur pourrait déterminer, une fois pour toutes, la longueur de son double pas par quelques expériences faites sur des distances connues et sur un sol de nature analogue à celui qui constitue d'ordinaire les chemins de montagne ; mais, en réalité, il n'en est pas ainsi et les diverses inclinaisons rencontrées sur le parcours fausseraient considérablement les résultats si l'on ne tenait compte de leur influence sur la longueur du

(1) Le colonel Prudent conseille même de compter les *triples pas* dont la cadence est moins rapide et moins fatigante, le comptage se faisant alternativement sur l'un et l'autre pied.

(2) Les *comple-pas*, ou *podomètres*, sont des instruments trop infidèles, sur un sol inégal surtout, pour qu'on puisse sans réserves en conseiller l'usage.

pas (1). L'observateur devra donc faire l'étalonnage de son pas, en plaine d'abord, puis sur des inclinaisons variées, afin de mettre en lumière l'influence de ces inclinaisons; les distances devront être, bien entendu, mesurées exactement.

A défaut de renseignements plus précis, voici la *règle approximative* que notre expérience personnelle nous a conduit à admettre : « le raccourcissement *relatif* de la longueur horizontale du double pas est exprimé (jusqu'à l'inclinaison-limite de 0,50) par le même nombre que l'inclinaison de la rampe »; ainsi sur une rampe de 20 p. 100, le double pas de 1^m,50 est raccourci de 0,20 $\times$ 1^m,50 = 0^m,30 et devient par conséquent 1^m,20. En descente, on peut admettre sans trop d'erreur que la longueur du double pas est constante et la même qu'en plaine. Dans les débuts, l'observateur devra mesurer les inclinaisons au clisimètre; mais avec un peu d'habitude, il arrivera vite à juger au sentiment l'inclinaison du terrain *qu'il parcourt*, avec une approximation suffisante pour en déduire la longueur de son double pas.

Échelles de pas. — Afin d'éviter la conversion du nombre de doubles pas en mètres, pour porter les distances correspondantes sur le levé, on établit, par exemple sur une bande de papier bristol, des échelles spéciales, dont le principe est bien connu et a d'ailleurs

---

(1) Certains auteurs ont cru corriger l'influence de la pente en réduisant simplement à sa projection horizontale le chemin mesuré suivant cette pente; mais cette réduction, purement géométrique, et d'ailleurs insignifiante, ne tient aucun compte de l'influence physiologique qu'exerce le travail d'ascension sur l'allure de la marche ; ainsi, sur une rampe de 20 p. 100, la longueur du pas se trouve diminuée, d'après nos expériences, d'environ 20 p. 100 de sa valeur, tandis que la réduction à l'horizon ne la diminue que de 2 p. 100.

été expliqué par le colonel Goulier (1). Supposons, par exemple, qu'on veuille construire une échelle pour le double pas de 1^m,40, l'échelle du levé étant le 20 000e, on raisonnera comme suit : 100 doubles pas valent 140 mètres, soit à l'échelle du levé $\frac{140}{20} = 7$ millimètres. Le mode de division à adopter pour l'échelle sera donc

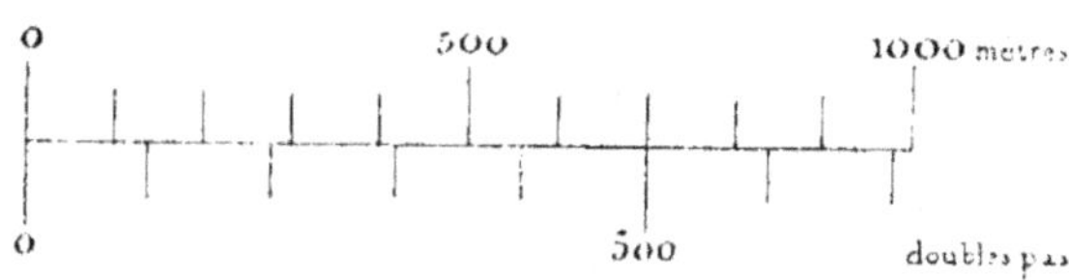

Fig. 26.

tel que 100 doubles pas soient représentés par 7 millimètres (fig. 26).

On peut se dispenser de l'emploi d'une échelle mobile ou réglette en traçant les échelles de pas directement sur le papier qui sert au levé, lequel doit être quadrillé en carreaux de 5 millimètres par exemple. On construit une longueur *à vue*, en se servant comme terme de comparaison des lignes du quadrillage. Ce procédé est expéditif, mais il est moins sûr que le précédent, et exige un coup d'œil exercé.

Échelles de pas multiples. — En vue de tenir compte de la variabilité du pas, nous avons introduit, dans la construction des échelles, une innovation consistant à partager l'un des biseaux d'une réglette en buis, de 0^m,12 à 0^m,15 de longueur, en plusieurs fragments d'échelles dont chacun correspond à une longueur de

____

(1) *Notions de topographie pour les alpinistes* (Annuaire du C. A. F pour 1882, p. 654).

double pas déterminée, comprise par exemple entre
1 mètre et 1^m,50 et variant par échelons de 0^m,10. L'autre
biseau porte l'échelle correspondant à celle du levé,
par exemple, celle du 20 000e. De cette façon, une même
réglette est utilisable dans toutes les circonstances du
levé, soit pour porter directement, à l'échelle, les distances mesurées en doubles pas, soit pour évaluer en

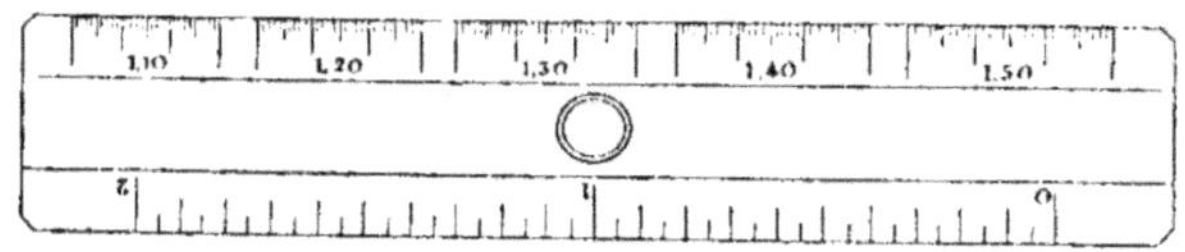

Fig. 27.

mètres une distance graphique (1). La figure 27 représente l'une de ces réglettes en demi-grandeur.

Évaluation des distances à la montre. — « Si l'on trouve
trop assujettissante la nécessité de compter les doubles
pas, on peut, mais avec moins d'exactitude, déterminer
la distance par le temps employé à la parcourir » (2).
Ce procédé est celui généralement adopté par les explo-
rateurs; il donne de bons résultats lorsque le parcours
est uniforme, le profil peu accidenté, les arrêts peu fréquents; il s'applique mieux aux petites qu'aux grandes
échelles. L'observateur doit avoir déterminé par avance,
entre deux points dont la distance est connue, sa vitesse
moyenne de marche; il peut ensuite établir une échelle
comparative (*échelle de temps*) comme dans le cas des
doubles pas et même plusieurs échelles correspondant
aux diverses conditions de marche.

(1) Ces échelles multiples ont été établies par Tavernier-Gravet.
(2) Colonel GOULIER, *Notions de topographie pour les alpinistes*, p. 655.

Évaluation des distances non parcourues.

Évaluation stadimétrique de la distance. — On peut quelquefois se contenter, pour évaluer approximativement les distances non parcourues, de procédés stadimétriques rudimentaires, en se basant sur la grandeur apparente d'un objet de dimensions connues.

Le plus élémentaire est le procédé dit : *à bras tendu* (1). Si d est la longueur du bras, comptée de l'œil à une réglette verticale que l'on tient à la main, h la grandeur apparente de l'objet sur la réglette, H sa grandeur réelle, D la distance, on a :

$$D = H . \frac{d}{h}$$

On peut d'ailleurs déterminer d, en opérant avec D, H et h connus.

Nous croyons intéressant de faire remarquer que le *clisimètre à collimateur* Goulier placé devant l'œil comme pour la mesure d'une pente, *mais tenu ferme dans la main*, constitue un excellent stadimètre improvisé ; la formule est ici :

$$D = H . \frac{100}{n}$$

n étant le nombre de divisions qui, compté à partir du zéro de l'échelle, correspond à la grandeur apparente de l'objet.

Dans les cas (assez rares en haute montagne) où l'on pourrait signaler d'une façon apparente les deux extrémités d'une petite base mesurée auprès d'un point A,

(1) Le colonel Goulier recommande de tendre le bras *dans la direction des épaules*, pour lui conserver une longueur constante.

on obtiendrait avec assez de précision les distances de
ce point à d'autres points B, C,... où l'on ferait station
en employant la *longue-vue stadimétrique* du colonel
Goulier (1) : elle grossit quinze fois, et elle est munie
d'une *division micrométrique*, placée au foyer de l'objectif, au moyen de laquelle on mesure les grandeurs apparentes des objets; elle est armée d'une vrille qui permet de la fixer dans un arbre, un poteau, un bâton, une
planchette de levé, etc. La formule à employer est :

$$D = H.\frac{2000}{n}$$

H étant la grandeur réelle de l'objet, ou la *projection*
de la longueur de la base sur une direction *normale* à
celle de la visée; *n* est le nombre des divisions du micromètre interceptées par l'objet ou par les deux extrémités de la base; l'approximation obtenue atteint facilement $\frac{1}{200}$ dans des conditions favorables.

Nous ne parlerons que pour mémoire des *télémètres;*
bien que, *a priori*, leur emploi paraisse plus séduisant
que celui des stadimètres, il faut se défier de ces instruments qui exigent, pour la réussite de l'opération, la
réunion de plusieurs conditions rarement satisfaites
dans la haute montagne; ils peuvent conduire l'opérateur, sans qu'il s'en doute, à des résultats passable-
ment erronés.

Détermination indirecte de la distance. — Lorsque,
entre deux points d'un itinéraire, se présentent de
fortes dénivellations qu'il faut gravir par des détours

____

(1) **Construite par Avizard**, 57, rue de Rambuteau ; son prix est de
45 francs, et son poids de 500 grammes.

ou des lacets, le procédé au pas compté devient long, parce qu'il oblige à figurer tous ces détours ; le procédé à la montre, basé sur le parcours horizontal, devient inapplicable, parce que la vitesse de marche cesse d'avoir une signification réelle.

On peut alors employer un procédé indirect qui consiste à déduire la distance horizontale entre ces deux points de leur différence de niveau, obtenue au baromètre, et de l'inclinaison du rayon visuel qui les unit, mesurée au clisimètre ; on sait que la distance horizontale est égale au quotient de la différence de niveau par l'inclinaison (1).

A défaut d'observation barométrique, on peut encore obtenir approximativement la différence de niveau en s'appuyant sur ce fait d'expérience :

Au delà d'une certaine inclinaison limite (qui peut être pratiquement évaluée à 0,14 ou 0,15), *le nombre de mètres dont on s'élève par heure, à égalité de fatigue et de nature de sol, est indépendant de l'inclinaison* (2). Ce nombre de mètres varie généralement entre 400 et 450 par heure, pour l'allure *effective*, mais *modérée*, d'un marcheur *exercé* (3). Toutefois chaque observateur devra déter-

---

(1) Ce procédé de mesure indirecte de la distance a été employé depuis longtemps dans certains cas particuliers ; l'amiral Mouchez l'a appliqué régulièrement aux levés hydrographiques des côtes de Tunisie ; le colonel Prudent l'a généralisé en l'étendant à la détermination des positions de lieux habités, de sommets rapprochés, de contours de bois, de tracés de rivières, etc.

(2) Cette proposition trouve sa justification dans la théorie mécanique des moteurs animés ; elle a été plusieurs fois signalée, notamment par le colonel Goulier ; nous l'avons vérifiée par de très nombreuses expériences personnelles qui nous ont conduit à admettre, pour l'*inclinaison-limite*, la valeur ci-dessus.

(3) Ces chiffres comprennent les très courts arrêts, mais non les repos ; ils s'appliquent, non pas à une allure accidentelle et passagère,

miner, par expérience, le nombre qui convient à son allure habituelle.

Nivellement de l'itinéraire.

On obtient le profil en long de l'itinéraire par un nivellement exécuté au baromètre et bridé sur des altitudes certaines déterminées au moyen de la règle à éclimètre ou de l'alidade nivelatrice. Les observations barométriques doivent être exécutées conformément aux indications données au chapitre II, § V, et corrigées en tenant compte des considérations qui seront développées au chapitre V, § II ; nous n'avons donc point à insister ici sur ce sujet.

IV. — STATIONS ISOLÉES AU CARTON DÉCLINÉ.

L'emploi du carton décliné pour faire la représentation à vue du détail autour d'une station *isolée* est très avantageux lorsqu'on dispose d'un *canevas*, suffisamment serré, *rapporté d'avance sur le carton*.

Par une opération préalable, on a eu soin de décliner la boussole en se transportant en une station de position connue, où l'on oriente le carton d'après quelques signaux en vue (on fera plus commodément et plus sûrement cette opération, en le posant sur un support et en s'aidant d'une réglette) ; puis, sans rien déranger, on tourne la boussole-écrou de façon que la pointe bleue de l'aiguille vienne en regard de la

mais à une marche régulière, continue, pouvant être renouvelée chaque jour, effectuée par un homme de force moyenne, mais entraîné, dans des conditions comparables à celles admises par les ingénieurs dans leurs applications sur le travail mécanique des moteurs animés.

lettre N ; enfin on serre l'écrou à bloc : la boussole est déclinée (on agit exactement de même pour orienter une carte).

Lorsque l'opérateur veut ensuite déterminer sa position sur le terrain, il l'obtient par *relèvement* en déclinant le carton et en traçant successivement les directions correspondant à trois points connus, ce qui fournit une vérification. Cela revient à faire face successivement aux diverses directions, en tournant autour du carton comme autour d'une planchette déclinée. Ce procédé est particulièrement à recommander dans les ascensions, les escalades sur les hauts sommets, partout enfin où l'alpiniste n'a ni le temps, ni même les moyens de mesurer les distances parcourues (1). Si de plus on a soin de mesurer au clisimètre l'inclinaison des visées dirigées sur les signaux de relèvement, on peut en déduire, pour le point où l'on stationne, une valeur approximative de l'altitude qui servira à contrôler celle obtenue au baromètre.

Il va sans dire que l'opérateur profitera de ses stations pour placer, comme il sera dit ci-après, les détails environnants en se servant comme points de repère des points du canevas rapportés sur son carton.

Les directions isolées pourraient être obtenues par l'emploi d'une *boussole à main*, munie d'un miroir ou d'un prisme qui permet de superposer les images du limbe et de l'objet visé (2); mais nous estimons que,

(1) Dans ce cas, on emploiera avec avantage le *cartable d'orientation* ou le *carnet décliné*, qui se logent dans une poche ordinaire de vêtement.

(2) La boussole Hossard est, à notre avis, une des plus pratiques en haute montagne; elle est de construction robuste : la boîte, carrée, a $0^m,08$ de côté; elle pèse 200 grammes. Son prix est de 11 francs, et de 13 francs avec perpendicule. chez tous les constructeurs. On peut

sauf dans des cas très particuliers, les avantages minimes que l'on peut attendre de cet emploi (volume moindre et léger accroissement de précision) sont plus que compensés par les inconvénients résultant : des lectures goniométriques avec leurs chances de fautes, de l'absence d'un dessin correct sur le terrain, et de la nécessité de rapporter après coup tous les orientements. Si l'on dispose la boussole (comme l'ont fait certains inventeurs) de façon à permettre de rapporter les visées sur le terrain, *le carton devient nécessaire*; alors il est bien plus simple de décliner celui-ci et d'y dessiner directement, en supprimant la boussole, qui devient une superfétation, et la remplaçant par un petit déclinatoire ou par la boussole-écrou; *a fortiori* doit-on rejeter les systèmes de boussoles dans lesquels le report ne peut être effectué qu'au prix d'une immobilisation préalable de l'aiguille aimantée, très préjudiciable à la précision.

V. — Figuré du terrain dans les levés au carton décliné.

Les principes qui guident l'opérateur pour la représentation des détails planimétriques et le figuré du terrain dans le mode expéditif sont les mêmes que dans le mode régulier, mais leur application diffère, par suite du temps restreint et des moyens rudimentaires dont il dispose.

classer, parmi ces instruments, la boussole à prisme du colonel Goulier, dite *boussole de batterie*; elle est étudiée avec le plus grand soin, et construite avec précision (chez Tavernier-Gravet); la boîte a $0^m,07 \times 0^m,05 \times 0^m,03$; son poids est de 200 grammes; malheureusement, elle est d'un prix assez élevé.

Dans le cas d'un *itinéraire décliné*, l'opérateur, s'appuyant sur son cheminement comme base d'opérations, détermine par intersection (parfois par alignement), sur la droite et sur la gauche de son itinéraire, quelques points de repère, qui lui servent à mettre en place, *par comparaison*, les détails planimétriques voisins, de même que les accidents naturels du sol et surtout les *lignes caractéristiques* du terrain (1) ; l'expression du relief par des hachures n'est pas à conseiller ; il est bien préférable de l'exprimer par des *fragments* de courbes horizontales s'appuyant sur les lignes caractéristiques et d'autant plus rapprochés que la pente est plus raide, sans toutefois s'assujettir à une équidistance régulière.

La zone représentable par ce procédé ne peut guère dépasser quelques centaines de mètres de part et d'autre de l'itinéraire parcouru ; aussi l'opérateur ne devra pas hésiter à s'écarter momentanément de son itinéraire et à pousser de petits cheminements secondaires toutes les fois que ce sera nécessaire pour l'intelligence du terrain, car *il ne devra jamais essayer de figurer ce qu'il ne voit pas.*

Dans le cas où l'on emploie un carton décliné sur lequel on a rapporté *d'avance* les points du canevas, comme cela arrive lorsqu'on opère par *stations isolées*, situées généralement dans une position dominante, le travail peut porter sur une zone plus étendue, parce que l'opérateur, embrassant un assez vaste espace de terrain, dispose de points de repère parfaitement sûrs, entre lesquels la mise en place des détails se fait à vue

---

(1) Voir p. 78, *Levés de détail à la planchette déclinée.*

avec assez de sécurité ; ce mode d'opérer est à recommander pour la représentation des contours glaciaires, des versants très inclinés, des grandes arêtes rocheuses, toutes les fois que le temps manque pour fixer par les procédés réguliers autre chose que des points de repère plus ou moins espacés.

C'est ici le lieu de mettre l'opérateur en garde contre les effets des illusions auxquelles, en montagne surtout, il est continuellement exposé ; les causes en sont multiples et résident principalement dans les aspects extrêmement variables et trompeurs sous lesquels nous apparaissent, sous l'influence de la lumière, des objets de nature et de colorations très diverses ; il en résulte des appréciations inexactes et souvent même très fausses des distances ; d'autre part, les effets de perspective empêchent d'apprécier la valeur des angles et de tracer à vue des directions autres que celles issues de la station. L'évaluation des pentes et des hauteurs est sujette à des exagérations tenant aux mêmes causes.

Il résulte de ces illusions l'impossibilité de figurer *uniquement à vue* ces détails planimétriques et le relief du terrain. Quelques mesures, si rudimentaires qu'elles soient, seront toujours nécessaires pour corriger les appréciations à vue ; le placement de quelques points par intersection, quelquefois par alignement, l'appréciation du plan d'horizon et des pentes par le clisimètre et surtout l'observation du même terrain sous plusieurs aspects différents seront les moyens les plus sûrs et les plus efficaces.

Les tracés et le dessin, sur le carton ou le carnet, s'exécutent en principe au crayon mine de plomb ; mais, pour rendre le dessin plus clair et plus expressif, on peut s'aider de quelques crayons de couleur : bleu pour les eaux et les glaciers, vert pour les bois, bistre pour le figuré du terrain; l'emploi du crayon rouge devra être évité.

CHAPITRE V

EXÉCUTION DES CALCULS D'ALTIMÉTRIE

I. — CALCULS DU NIVELLEMENT TOPOGRAPHIQUE.

Considérations générales.

Les procédés goniographiques ont le grand avantage de supprimer pour la planimétrie tous les calculs, qui se réduisent alors à ceux que nécessite le nivellement. Dans le mode régulier d'opérations, ces calculs doivent être effectués sur le terrain. Cependant, pour gagner du temps, on peut se contenter d'abord, pour les stations du canevas, de calculs provisoires, destinés surtout à s'assurer de l'absence de fautes, et suffisants pour appuyer les cotes des points de détail avoisinants ; ils sont ensuite repris au gîte et refaits avec soin pour l'établissement des altitudes définitives, en vue de la continuation du canevas.

Dans le mode expéditif d'opérations, les calculs de nivellement ne sont exécutés qu'après l'achèvement des constructions graphiques, et par conséquent toujours au gîte et même au bureau.

L'instrument par excellence des calculs topographiques est la *règle logarithmique*. Celle ordinaire suffit pour l'usage de l'alidade nivelatrice qui n'exige qu'une simple multiplication. Celle de la règle à éclimètre est spécialement disposée pour les opérations faites à l'aide de cet instrument (I); toutefois, lorsque

(1) Voir p. 120 : *Usage des échelles logarithmiques de la règle à éclimètre.*

les différences de niveau sont considérables, il convient, pour avoir une approximation suffisante, de recourir à la *règle du topographe* (1) ou même à des tables des neuf premiers multiples des tangentes naturelles, telles que celles de Montalant, ou, à défaut, au calcul logarithmique ; mais ces derniers procédés seront plutôt réservés pour les calculs faits au bureau après la campagne terminée.

Formules du nivellement topographique.

Formule élémentaire de la différence de niveau. — Dans le calcul du nivellement indirect, on considère la

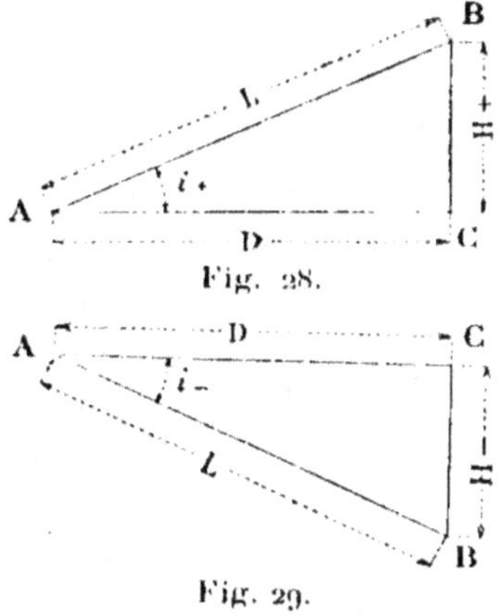

Fig. 28.

Fig. 29.

différence de niveau H de deux points A et B comme représentée par le côté vertical BC d'un triangle rectangle dont l'hypoténuse AB est la distance L des deux points dans l'espace, tandis que le côté AC est la projection horizontale D de cette distance, ou *distance réduite à l'horizon*. Si *i* est l'angle que fait la ligne AB avec l'horizontale, la différence de niveau s'exprime au moyen de l'une des deux formules :

$$(1) \qquad H = D \, \mathrm{tg} \, i \qquad\qquad (2) \qquad H = L \sin i$$

(1) Cette règle, combinée par le colonel Goulier, donne une approximation presque double de celle des règles ordinaires, tout en n'ayant que la même longueur (0ᵐ,27) ; on la trouve chez Tavernier-Gravet au prix de 3o francs.

Ces formules sont générales si l'on convient que H et i sont *positifs* dans le cas où le point B est *au-dessus* de l'horizontale du point A (fig. 28) et *négatifs* dans le cas contraire (fig. 29). D et L sont toujours considérés comme *positifs* (1).

Remarque 1. — La première de ces deux formules est celle qu'il conviendra toujours d'appliquer dans l'emploi des procédés d'intersection, de recoupement, de relèvement, parce que les distances des points entre eux étant relevées graphiquement sur le dessin, se trouvent, par le fait même, réduites à l'horizontale.

La seconde formule s'applique au cas d'une mesure stadimétrique de la distance, par exemple dans le cheminement ou le rayonnement exécuté à l'aide du jalon-mire.

Remarque 2. — Lorsqu'on emploie la règle à éclimètre, on se souviendra que les angles au-dessus de l'horizon, au lieu d'être chiffrés : — 1ᵍ, — 2ᵍ, — 3ᵍ, sont chiffrés 99ᵍ, 98ᵍ, 97ᵍ ; cette lecture donne donc en réalité $100 - i$ en valeur absolue (ou $i + 100$ en tenant compte du signe de i). La chiffraison de la règle logarithmique est d'ailleurs faite en conséquence, ce qui évite au calculateur toute indécision.

Lorsqu'on emploie un instrument qui donne directement les tangentes, c'est-à-dire les inclinaisons en centièmes, comme l'alidade nivelatrice ou le clisimètre

(1) Lorsqu'on veut faire des calculs de nivellement ou autres, il est indispensable de se familiariser avec l'emploi des quantités positives et négatives, et l'usage des signes + et — . Ces conventions sont d'ailleurs très simples et universellement employées ; les tentatives qui ont été faites (*Cours de topographie de Lehagre*, IIᵉ partie, p. 104 ; *Annuaire du Club alpin français pour* 1888, p. 499) pour leur substituer d'autres signes représentatifs ne semblent pas avoir été couronnées de succès.

à collimateur, la formule unique qui donne la différence de niveau est :

$$(3) \qquad H = D\ \frac{n}{100}$$

n étant le nombe de divisions lu sur l'échelle de l'instrument, et étant considéré comme positif pour les
visées au-dessus de l'horizontale, et négatif pour celles
au-dessous. Dans le cas d'une mesure stadimétrique de
la distance au moyen d'une mire tenue verticalement,
cette distance se trouve *ipso facto* réduite à l'horizon.

Formule complète de la différence de niveau. — Dans

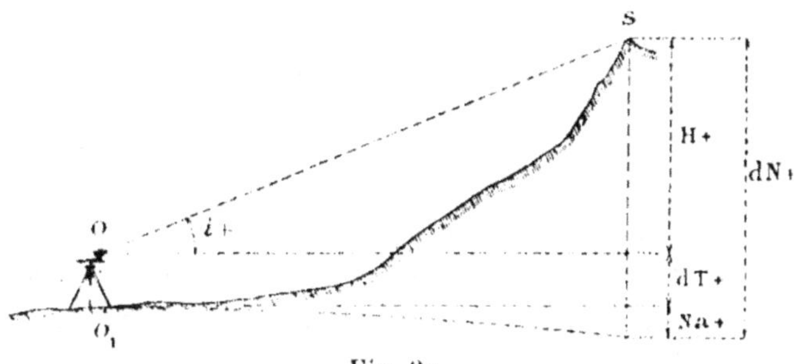

Fig. 30.

l'opération du nivellement, il y a d'autres éléments à
considérer pour obtenir la différence de niveau
vraie *dN* entre le sol de la station O, et le point visé S
(fig. 30).

Si *dT* est la hauteur de l'éclimètre au-dessus du sol;
Na la correction de niveau apparent dont il sera
question ci-après, la formule qui donne la différence
de niveau est :

$$(4) \qquad dN = H + dT + Na$$

Cette formule est générale, à condition d'observer
les règles suivantes :

H a le signe résultant de l'application des formules (1), (2) ou (3);

Na a *toujours* le signe + ;

*d*T a le signe + ou le signe — suivant que l'instrument est *plus haut* ou *plus bas* que le sol de la station.

Si, comme dans la figure 31, l'objet visé est situé à une

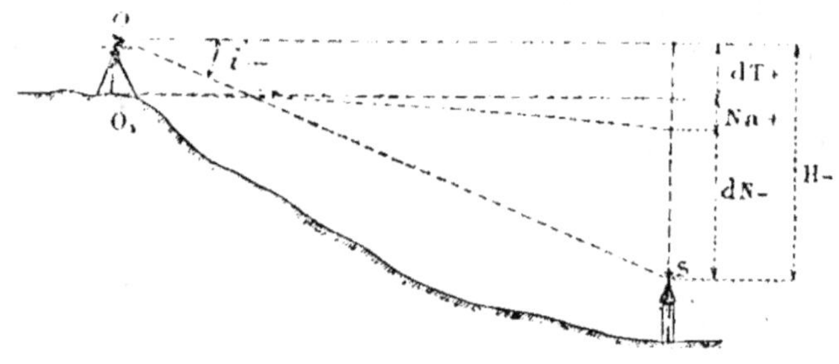

Fig. 31.

certaine hauteur au-dessus du sol, il est d'usage d calculer d'abord la différence de niveau par rapport à cet objet, et ensuite l'altitude du sol d'après la hauteur de l'objet.

Remarques au sujet de la quantité *d*T. — Cette quantité représente, avec son signe, la hauteur de l'éclimètre au-dessus du sol de la station; on remarquera qu'elle ne s'applique pas obligatoirement à la partie du sol sur laquelle le pied est installé, mais, en général, à l'objet choisi comme point de repère au voisinage de l'instrument, et qui servira de point de mire depuis les autres stations (fig. 32).

Dans les relèvements, on peut faire les calculs des différences de niveau sans tenir compte de la quantité *d*T, de sorte que l'on obtient ainsi l'altitude de l'instrument, qui sert ensuite à calculer celles des points interséctés. La valeur de dT n'intervient qu'après tous les calculs terminés, en vue d'obtenir l'altitude du sol de la station.

Correction du niveau apparent. — Par suite de la courbure de la terre et de la réfraction atmosphérique,

Fig. 32.

le plan horizontal qui passe par l'instrument rencontre les verticales des objets visés en des points qui, en réalité, ne sont pas de niveau avec cet instrument, mais qui sont trop élevés d'une certaine quantité Na ; les différences de niveau doivent donc subir une correction, qu'on appelle *correction du niveau apparent*, et qui est exprimée, avec une approximation suffisante pour les besoins de la topographie, par la formule :

$$N a = \frac{D_k^2}{15}$$

D_k étant la distance D exprimée en kilomètres (1).

Cette formule se calcule aisément à la règle, comme

(1) A cause de l'incertitude qui règne sur la valeur réelle du coefficient de la réfraction au moment de l'opération, il serait illusoire de rechercher une grande approximation dans la détermination du dénominateur de cette expression. La valeur 0,08 attribuée au coefficient de la réfraction, d'après Delambre, a conduit à employer, pendant la durée du dernier siècle, le dénominateur 15,2 ; si l'on adopte, comme ce serait préférable, la moyenne 0,0665 de mille coefficients résultant des nivellements géodésiques de la Carte de France, ce dénominateur devient 14,7 ; le chiffre rond 15 permet un calcul de tête assez facile.

il sera dit plus loin ; on peut encore lire la correction Na dans une table, ou plus simplement sur une échelle comparative telle que celle donnée par le colonel Goulier dans ses diverses publications (fig. 33).

La valeur locale du coefficient de la réfraction étant inconnue, et d'ailleurs variable, on devra chercher à se

Fig. 33.

soustraire, par les deux moyens suivants, aux erreurs qui en résultent :

1° Éviter les observations d'angles zénithaux faites de très bonne heure le matin et tard dans la soirée, ou dans les moments de troubles atmosphériques.

2° Éviter de viser des points très éloignés (la distance de 20 kilomètres nous paraît une limite qui ne devrait pas être notablement dépassée).

Calcul des altitudes.

Les *altitudes* expriment les distances verticales des points du sol à une surface conventionnelle de comparaison ; il n'y a pas d'inconvénient pratique à admettre que cette surface coïncide avec l'ellipsoïde géodésique. Le zéro des altitudes est le niveau moyen de la mer.

Les altitudes s'obtiennent simplement par l'addition *algébrique* des différences de niveau. Tous les cas qui se présentent dans ce calcul peuvent d'ailleurs se ramener aux deux suivants :

PREMIER CAS. *Visée directe.* — L'altitude de la station est considérée comme connue, celle du point visé comme inconnue.

On *ajoute* à l'altitude de la station la différence de niveau calculée dN si celle-ci a le signe +, et on l'en *retranche* si elle a le signe —.

DEUXIÈME CAS. *Visée inverse.* — L'altitude du point visé est considérée comme connue, celle de la station comme inconnue.

On *retranche* de l'altitude du point visé la différence de niveau dN si celle-ci a le signe +, et on l'*ajoute* si elle a le signe —.

L'ordre dans lequel on détermine les altitudes est en général celui dans lequel auront été faites les déterminations planimétriques, car celles-ci seront obtenues le plus généralement par intersection ou relèvement. Les altitudes des points du canevas s'appuient sur les altitudes géodésiques, et serviront elles-mêmes à déterminer celles des points de détail; elles devront donc être particulièrement soignées.

L'altitude d'un point fixé par intersection ou d'une station fixée par relèvement ou recoupement, résultera toujours de la *moyenne* d'un certain nombre de déterminations partielles; ces moyennes seront calculées, soit sur des cahiers, soit mieux encore sur des *fiches*; à chaque point à déterminer correspond une fiche conforme au modèle représenté tableau V, page 169. On y fait figurer toutes les déterminations d'altitude relatives au point considéré avec l'indication de leur provenance. On porte également le *poids* relatif de chacune de ces déterminations, et l'on fait les calculs

de la moyenne conformément aux indications données
ci-après (1).

Formule de compensation des altitudes.

En général, on adopte comme altitude moyenne pour
chaque point la *moyenne arithmétique* de toutes les altitudes partielles trouvées pour ce point. Si cependant,
par suite de distances exceptionnellement longues ou
courtes ou de visées très inclinées, les valeurs attri-
buables à ces déterminations partielles étaient visible-
ment très différentes, il serait rationnel d'affecter chacune d'elles d'un coefficient ou *poids* en rapport avec
la valeur qu'on lui attribue.

Suivant un procédé indiqué par le colonel Goulier (2)
à l'occasion des levés dans les Pyrénées, mais en tenant
compte que ceux dont il s'agit ici sont à plus grande
échelle et notablement plus précis, on peut calculer le
poids (3) de chaque résultat partiel par les formules :

$$P = \frac{20}{E} \qquad E = D_k + G + \frac{1}{100}H + 4.$$

D_k est la distance en kilomètres entre la station et le
point visé; G le nombre de grades, *en valeur absolue*,

(1) Dans l'exemple choisi, figurent en outre les noms des opérateurs,
parce qu'il est extrait des levés des alpinistes français dans les
Pyrénées espagnoles.

(2) On peut consulter, sur ce sujet, la *Note sur une formule du colonel Goulier pour le calcul des moyennes dans les nivellements trigonométriques* que nous avons publiée dans les *Annales de l'observatoire du
Mont Blanc*, t. III, 1898 (G. Steinheil). Nous avons montré, dans cette
note, comment on peut établir des *abaques* dispensant de tout calcul.

(3) Il va sans dire que les nombres qui représentent les poids n'ont
qu'une valeur *relative* et n'ont aucune signification absolue; il n'y a
donc pas de comparaison possible entre les nombres qui seraient
fournis par deux formules de poids *différentes*.

qui mesure l'inclinaison de la ligne de visée ; H la différence de niveau *absolue* en mètres correspondante.

Nous avons établi, tableau II, page 165, un abaque au moyen duquel on obtient les poids par une simple lecture, avec les seuls éléments D_k et G (1).

Si l'on appelle M l'altitude moyenne cherchée, m_1, m_2, m_3, les résultats partiels dont les poids sont P_1, P_2, P_3...

on a :
$$M = \frac{m_1 P_1 + m_2 P_2 + m_3 P_3 + ...}{P_1 + P_2 + P_3 + ...}$$

Pour simplifier les produits mP, on fait abstraction des chiffres communs à toutes les altitudes partielles, ce qui ne change rien au résultat final ; on rétablit ces chiffres dans le nombre qui exprime l'altitude moyenne.

Carnet d'observations.

Lorsqu'on ne fait, sur le terrain, ni constructions graphiques, ni calculs de nivellement, les lectures peuvent être inscrites tout simplement sur la feuille qui sert à l'enregistrement goniographique ; mais dans le cas d'un levé complet, il convient, au moins pour les stations du canevas, de prendre note de ces lectures sur un carnet sur lequel s'exécutent aussi les calculs ; en vue de faciliter les inscriptions et les opérations, les colonnes sont préparées à l'avance. Divers modèles peuvent être adoptés suivant les cas ; nous donnons (tableau III,

(1) Pour se servir de cet abaque, prendre la distance sur l'échelle horizontale inférieure, remonter verticalement, jusqu'au point de rencontre avec l'horizontale correspondant à l'inclinaison observée ; lire le poids sur l'oblique la plus rapprochée de ce point de rencontre ; ainsi, la distance $4^{km},7$ avec l'inclinaison 12 grades, ou l'inclinaison complémentaire 88 grades, donne P = 0.7.

pages 166-167), avec quelques exemples, un de ceux que nous avons établis pour notre usage, et qui peut servir à toutes fins (intersection, relèvement, cheminement et rayonnement) (1).

On note d'abord la date, l'état de l'atmosphère et, en général, les circonstances qui peuvent avoir de l'influence sur le plus ou moins d'exactitude des observations : jamais on ne prendra trop de notes sur le terrain.

La désignation des stations s'inscrit sur une ligne horizontale traversant, depuis la colonne 1, toutes les colonnes du carnet ; les numéros des points visés (col. 2) sont ceux attribués aux points de détail ; la colonne 3 (distances inclinées) sert seulement en cas d'emploi du jalon-mire ; dans la colonne 4, on inscrit les distances horizontales mesurées à l'échelle sur le dessin ; la colonne 5 (angles lus sur l'éclimètre) doit recevoir les angles lus et aussi ces mêmes angles corrigés de l'erreur de collimation. Dans la colonne 6, on inscrit, avec son signe, le résultat du calcul de H ; dans la colonne 7, la quantité Na avec le signe $+$; dans la colonne 8, la quantité dT avec son signe (cette quantité disparaît si l'on emploie le jalon-mire avec voyant fixé à la hauteur de l'instrument ; dans la colonne 9, la différence de niveau dN résultant de l'addition *algébrique* des trois quantités précédentes.

Dans le cas de *l'intersection*, exemple (*b*), l'altitude connue de la station est inscrite dans la colonne 10 ; celle des points visés dans la colonne 12. Dans le cas du *relèvement*, exemple (*a*), on inscrit d'abord l'altitude des points visés colonne 12, puis les valeurs partielles

(1) On trouve ces carnets chez Vignal, imprimeur lithographe, 34, rue Laffitte.

obtenues pour la station dans la colonne 11, enfin, la moyenne dans la colonne 10 (cette moyenne peut contenir des visées d'intersection dans le cas du *recoupement*).

Dans le cas du *cheminement*, exemple (*c*), l'altitude connue de la station A de départ s'inscrit colonne 10; celle obtenue pour B par *visée directe*, colonne 12; à la station suivante B, l'altitude déduite de A, par *visée inverse* s'inscrit colonne 11 et la moyenne des deux, colonne 10; et ainsi de suite pour les stations suivantes; il est bon de distinguer les visées directe (avant) et inverse (arrière) par les signes AV et AR. Dans le cas du *rayonnement* les inscriptions se font comme pour les visées directes du cheminement.

Dans tous les cas, pour éviter la confusion, il est utile de *souligner la cote connue*.

La colonne 13 est réservée à la désignation des points visés, soit par leur dénomination, soit par un croquis; les points de détail, qui n'ont d'autre objet que de contribuer à la définition du relief, sont simplement désignés par des lettres ou chiffres inscrits colonne 2.

Si la région dans laquelle on opère est étendue, on peut la diviser en *sous-régions* dont chacune est désignée par une lettre; alors chaque point de détail est désigné par la lettre de la sous-région à laquelle il appartient, et par un numéro d'ordre dans cette sous-région. Les inscriptions et croquis, recueillis sur le terrain, ne doivent jamais être modifiés que *sur place* pendant qu'on a les lectures ou les objets sous les yeux. A partir de ce moment, on les conserve précieusement dans l'état où ils se trouvent; on ne doit plus y toucher, et notamment le crayon ne doit jamais être repassé à l'encre (1). Toute annotation au crayon faite *après coup* doit être mise entre crochets [   ]. Quant aux croquis, on peut les calquer sur du papier transparent en vue de la rédaction.

Cahiers de calculs.

Dans les *levés réguliers* tous les calculs d'altimétrie sont contenus dans le carnet d'observations et effectués sur le terrain; cependant il arrive souvent que les plus importants de ces calculs, notamment ceux qui concernent les *points du canevas*, sont refaits après la campagne terminée et subissent de légères modifications, parce que c'est à ce moment-là seulement que toutes les corrections et vérifications sont bien connues (calcul exact de l'erreur de collimation de l'éclimètre, déplacement de la position de certains points, modifiée par la fermeture de cheminements ou améliorée par l'utilisation de visées très inclinées, etc.).

Ces calculs s'exécutent sur des cahiers présentant une disposition tout à fait analogue à celle des carnets ; on y introduit seulement une colonne : *calculs*, pour inscrire ceux faits à l'aide de tables numériques. Les données recueillies sur le terrain y sont recopiées à l'encre et collationnées avec soin.

Dans le *mode expéditif* tous les calculs se font au bureau ; les visées étant très nombreuses, chaque station par tour d'horizon a son registre spécial et le nom est inscrit de façon apparente dans les angles de la couverture.

La disposition représentée par le tableau IV, page 168,

____

(1) On emploiera les crayons mine de plomb n° 3 ou graphite F ou H, assez durs pour ne pas s'effacer par le frottement.

est due au colonel Prudent; les inscriptions relatives à chaque visée y sont disposées dans les cases d'une même ligne horizontale. L'usage des diverses colonnes s'explique de lui-même par les indications de leurs en-tête et les exemples choisis.

Dans l'exemple (*a*) l'altitude de la station est inconnue et celle du point visé est connue; c'est l'inverse dans l'exemple (*b*).

Dans l'exemple (*c*) on profite d'une visée très inclinée pour préciser, dans la direction de cette visée, la position d'un point dont l'altitude est suffisamment connue par d'autres visées dont la direction se rapproche de l'horizontale ou même par des observations baromé-triques sûres. La disposition des calculs est la même, seulement ils s'effectuent dans un ordre différent, indi-qué sur le tableau par des chiffres entre parenthèses.

Enfin, l'exemple (*d*) est relatif à la recherche de l'erreur de collimation de l'éclimètre, les altitudes des deux sta-tions étant rigoureusement connues (1).

Usage des échelles logarithmiques de la règle
à éclimètre.

Nous supposons que le lecteur connaît l'usage de la règle logarithmique, et qu'il a la règle à éclimètre entre les mains; celle-ci porte, au fond de sa rainure, une *instruction* sur les calculs, mais, comme elle est néces-sairement très concise, nous croyons devoir y ajouter

---

(1) Les exemples ci-dessus sont extraits des calculs de nivellement se rapportant à des levés à petite échelle exécutés dans les Pyrénées. Les coefficients de la formule qui donne les *poids* sont différents de ceux indiqués page 115; le poids fourni par la formule a été, en outre, multiplié par le nombre des visées se rapportant au même point.

les *diagrammes* de ces calculs avec quelques exemples.

Indiquons d'abord comment on met la virgule à sa place.

Selon que la quantité H sera obtenue par l'une des formules (1) ou (2), on consultera celui de droite ou celui de gauche des deux tableaux gravés sur la face supérieure de la règle, que nous reproduisons ci-dessous en les complétant :

Angles en grades.	0,06	0,04	6,38	100	Angles en grades.	0,06	0,64	6,35	50
Sinus.	0,001	0 01	0,1	1	Tangentes.	0,001	0,01	0,1	1

En comparant la valeur de l'angle i (ou 100 — i) aux nombres de la première ligne de l'un des tableaux, on verra si la tangente ou le sinus est plus petit que : 0,001—0,01—0,1—1 ; par suite, si la quantité H est plus petite que les fractions correspondantes de la distance D ou L (1).

Calcul des différences de niveau pour les angles inférieurs à 3 grades (distance horizontale ou inclinée).

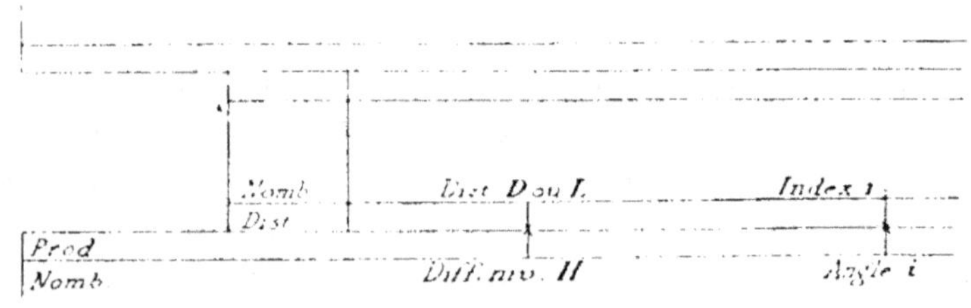

Diagramme 1.

(1) Lorsqu'on calcule *sur le terrain*, on se rend compte, *de visu*, de la grandeur de H avec une approximation qui ne laisse en général aucun doute sur la place que doit occuper la virgule.

Lorsque l'angle i est inférieur à 3^{G}, les distances D et L se confondent pratiquement ; l'opération se fait dans les deux cas en appliquant le diagramme 1 ;

1° Ainsi avec les données :

angle lu $= 100^{\text{G}},05,$ d'où : $i = + 0^{\text{G}},05$ D $= 16,000$ mètres.

on trouve le produit 125 ; en consultant celui de droite des deux tableaux de position de la virgule, on voit que i étant inférieur à $0^{\text{G}},06$, H est inférieur au millième de la distance, par suite H $= + 12^{\text{m}},5$.

2° Avec les données :

angle lu $= 98^{\text{G}},20,$ d'où : $i = - 1^{\text{G}},80$ D $= 8,500$ mètres.

on trouve, avec le même diagramme, le produit 240 ; le tableau montre que i étant compris entre $0^{\text{G}},64$ et $6^{\text{G}},35$, H est compris entre le centième et le dixième de la distance, donc :

$$\text{H} = - 240 \text{ mètres.}$$

3° Avec les données :

angle lu $= 97^{\text{G}},22,$ d'où : $i = - 2^{\text{G}},78$ L $= 128$ mètres.

on trouve, avec le même diagramme, le produit 559 ; le tableau montre que i étant compris entre $0^{\text{G}},64$ et $6^{\text{G}},35$, H est compris entre le centième et le dixième de la distance ; donc H $= - 5^{\text{m}},59$.

Calcul des différences de niveau pour les angles supérieurs à 3 grades (distance horizontale).

Diagramme 2.

4° Avec les données :

angle lu $= 14^G,32$,   d'où : $i = + 14^G,32$ $D = 2,580$ mètres,

ici l'angle lu se prend sur l'échelle des tangentes; on trouve, en appliquant le diagramme 2, le produit 59; H est supérieur au dixième de la distance; donc $H = + 590^m$.

On fera attention que, *sur l'échelle des tangentes, la chiffraison des angles marche de droite à gauche.*

5° Avec les données :

angle lu $= 92^G,80$ d'où : $i = - 7^G,20$ $D = 3,670$ mètres,

ici l'angle lu se prend sur l'échelle des cotangentes; on trouve, d'après le même diagramme 2, le produit 417; H est supérieur au dixième de la distance, donc $H = - 417^m$.

Calcul des différences de niveau pour les angles supérieurs à **3** grades (distance inclinée).

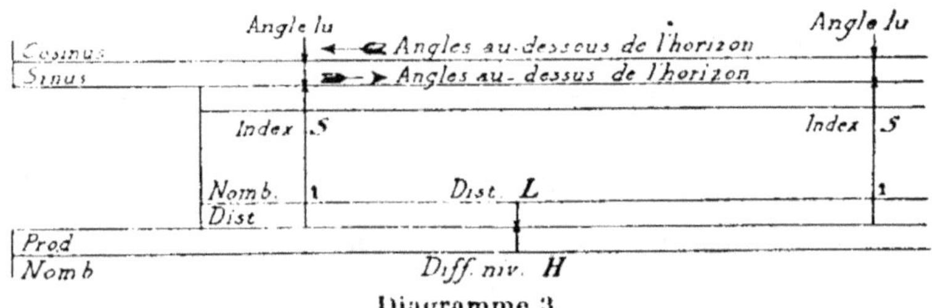

Diagramme 3.

6° Avec les données :

angle lu $= 5^G,40$,   d'où : $i = + 5^G,40$ $L = 180$ mètres,

ici l'angle lu se prend sur l'échelle des sinus; on trouve, en appliquant le diagramme 3, le produit 152,5; or, en consultant le tableau de gauche de placement de la virgule, on voit que H est un peu inférieur au dixième de la distance, donc $H = + 15^m,25$.

7° Avec les données :

angle lu $= 85^g,30$,   d'où : $i = - 14^g,70$ $L = 115$ mètres.

ici, l'angle lu se prend sur l'échelle des cosinus : on trouve, en suivant le même diagramme, le produit 263 ; i étant compris entre $6^g,36$ et 100^g, H est compris entre le dixième de L et L ; donc $H = - 26^m,3$.

(On fera attention que *sur l'échelle des cosinus, la chiffraison des angles marche de droite à gauche.*)

Réduction des distances à l'horizon.

Diagramme 4.

Les distances mesurées suivant l'inclinaison de la visée qui réunit l'instrument à la mire doivent être réduites à l'horizon. Cette opération s'exécute à la règle en appliquant le diagramme 4.

Ainsi une distance de 180^m, mesurée suivant une inclinaison correspondant à une lecture de 20^g (ascendante) ou de 80^g (descendante), a une valeur de 171^m, réduite à l'horizon.

Correction du niveau apparent.

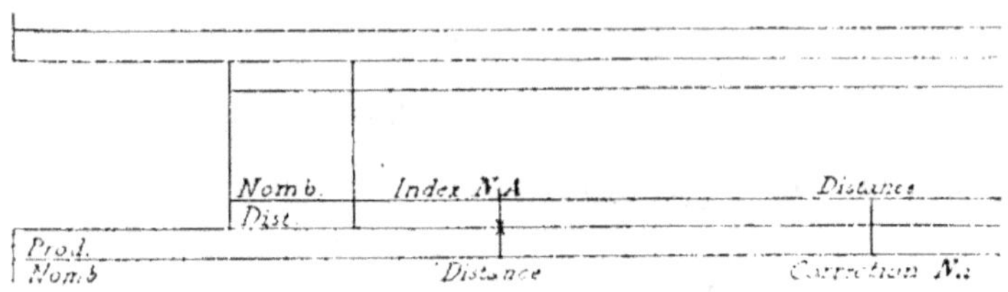

Diagramme 5.

La correction du niveau apparent peut se calculer à la règle au moyen du diagramme 5 ci-dessus.

Pour le placement de la virgule, on consultera le petit tableau gravé sur la réglette, où les distances sont indiquées *en mètres*; nous le reproduisons ci-dessous en le complétant (1).

Distances en mètres.....	389	1232	3895	12316	38950
Na en mètres............	0,01	0,1	1,0	10	100

Causes de fautes et d'erreurs dans le nivellement topographique.

Fautes et oublis dans le maniement de l'instrument. — La règle à éclimètre a été disposée par son auteur pour éviter le plus possible les fautes (2); celles résultant de

----

(1) Les nombres de ce tableau se trouveraient légèrement modifiés par la substitution du coefficient 0,066 à celui 0,08.

(2) On sait que c'était la préoccupation constante du colonel Goulier; aucune lecture ne peut être plus suggestive à cet égard que celle de ses *Notices sur les objets exposés par le Dépôt des fortifications en 1878.*

la lecture de l'appoint seront extrêmement rares pour
un opérateur soigneux ; les fautes de 5ᵍ sur le limbe ou
même l'oubli de cette lecture seront plus fréquents,
mais facilement découverts par le calcul, par suite de
la multiplicité des altitudes partielles. Il faut surtout
ne pas oublier de rectifier par la vis de rappel le calage
de la nivelle *à chaque visée*.

Fautes d'identification des points. — Une cause de
faute grave, à laquelle on est souvent exposé en montagne, est *la méprise sur le point visé*.

Les hauts sommets se présentent souvent sous un
aspect différent, suivant la direction dans laquelle ils
sont vus ; certains
changent de forme
au point de devenir
méconnaissables ;
aussi arrive-t-il
qu'un opérateur
non prévenu, ou
connaissant insuf-
fisamment la ré-
gion, vise de di-

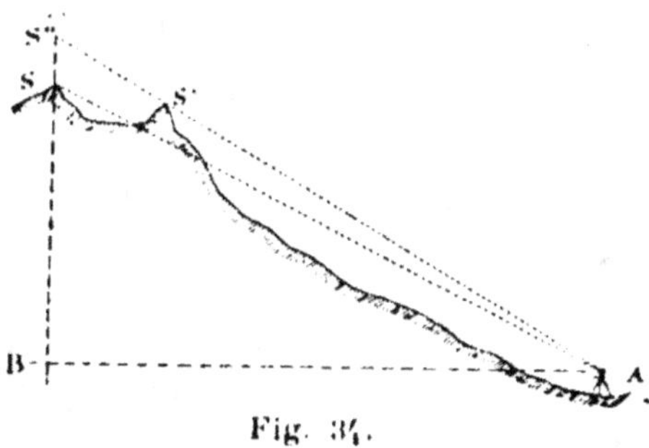

Fig. 34.

verses stations des points différents croyant viser le
même point. Il en résulte une incertitude sur la position planimétrique, qui a sa répercussion sur la détermination de l'altitude. Ainsi (fig. 34) un observateur
placé en A dans une vallée croit voir le sommet S, alors
qu'il aperçoit un contrefort S' placé dans la même
direction, mais plus bas. Dans le calcul de l'altitude,
il combine la projection AB de la distance de la station A au sommet S', avec l'inclinaison AS', et il obtient
ainsi l'altitude d'un sommet *imaginaire* S".

Pour une raison analogue, un sommet arrondi, ou un col dont la section transversale est largement convexe, donne une altitude trop élevée C′ au lieu de C (fig. 35),

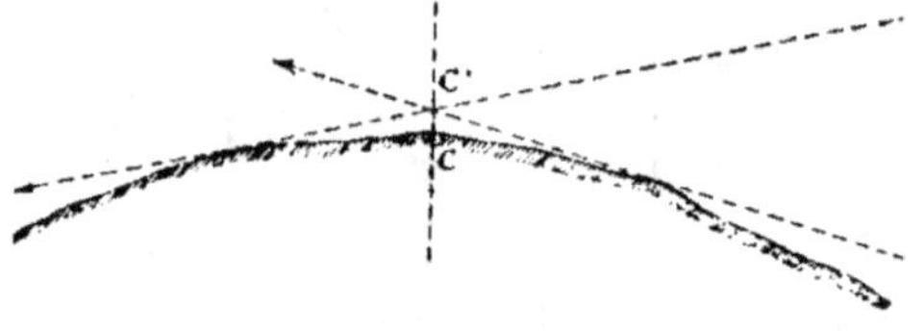
Fig. 35.

qu'il soit visé d'un point situé plus haut ou d'un point situé plus bas.

Deux moyens peuvent être employés pour éviter cette méprise ; le premier consiste à construire, sur le terrain, un signal : c'est le procédé généralement employé pour les points géodésiques, mais cette solution ne s'applique pas aux points inaccessibles, et elle est trop onéreuse pour être généralisée. On emploiera alors le moyen suivant : faire une étude attentive de chaque sommet, en l'observant au besoin avec une longue-vue, depuis des stations élevées, dans diverses directions, en suivant une marche méthodique, et en prenant des croquis ; choisir d'après ces croquis un point de mire *unique* et aussi bien défini que possible qui pourra ainsi être visé avec sécurité de toutes les stations.

Erreurs systématiques. — La principale est celle provenant de l'*erreur de collimation* de l'éclimètre, qui affecte surtout les points intersectés ; on devra donc apporter le plus grand soin à la détermination de cette erreur par les procédés indiqués (page 22) et faire à toutes les lectures la correction nécessaire pour l'annuler.

Les distances mesurées sur la minute (1) au moyen

(1) Il faut remarquer que ces distances sont projetées sur un plan situé au *niveau de la mer* ; il faudrait donc, comme on le fait dans les

de l'échelle sont systématiquement trop courtes ou trop longues, principalement à cause des variations de dimensions du papier (1) ; on constatera ce fait en comparant cette échelle divisée à l'écartement des axes de coordonnées tracés sur la minute, et l'on fera, s'il y a lieu, sur les distances mesurées graphiquement, une correction proportionnelle.

On peut encore considérer comme ayant une influence systématique, une variation anormale de la réfraction qui, quelquefois, élève ou abaisse les positions apparentes des objets sur tout un côté de l'horizon ; on atténue ces effets en limitant les longueurs des visées, et on y remédie en réitérant les observations dans des circonstances atmosphériques variées.

Erreurs accidentelles. — L'erreur commise sur l'inclinaison (supposée débarrassée de celle de collimation) provient des inexactitudes du pointé et de la lecture sur le micromètre, des irrégularités de denture du limbe, et enfin du défaut de calage de la nivelle.

L'erreur commise sur la distance provient du défaut de coïncidence entre la station et le signal, de la position défectueuse des points sur la minute par suite des

nivellements trigonométriques, les ramener sur le plan horizontal passant par la station ; il faudrait encore, dans la formule des différences de niveau, ajouter un terme tenant compte de la *divergence des verticales*; mais l'erreur que l'on commet en négligeant ces corrections, est au-dessous de celles que les procédés graphiques permettent d'apprécier.

(1) Il est utile de rappeler ici que ces variations ne sont pas égales dans les deux sens pour le papier *au rouleau*; elles sont plus grandes dans le sens transversal, c'est-à-dire perpendiculaire à la marche de la bande de papier pendant sa fabrication ; ces variations sont, au contraire, sensiblement les mêmes dans tous les sens pour le papier *à la forme;* celui-ci est donc préférable. Lorsque les méridiens et les parallèles ne figurent pas sur la planchette, on y trace un carroyage à l'encre rouge en carreaux de $0^m,10$ de côté.

inexactitudes des constructions graphiques, des erreurs de lecture sur l'échelle divisée.

L'erreur commise sur l'inclinaison a sur la différence de niveau une influence qui est proportionnelle à la distance; d'autre part, l'erreur commise sur l'évaluation de la distance (1) affecte d'autant plus la différence de niveau que l'inclinaison est plus considérable ; on devra donc éviter, au moins pour les points importants, les visées trop longues ou trop inclinées.

Les erreurs accidentelles ont une tendance, par leur nature même, à se compenser partiellement. Par conséquent la multiplicité des visées, comme, en général, la réitération des opérations, dans des conditions variées, est favorable à l'accroissement de la précision, mais seulement en ce qui concerne la compensation des erreurs accidentelles ; ce moyen est impuissant contre les erreurs systématiques (2) ; celles-ci ne peuvent être mises en évidence que par la fermeture du nivellement sur un point d'altitude connue.

(1) Cette erreur est, en haute montagne, la plus nuisible à l'exactitude des nivellements. Lorsqu'un point est déplacé, par exemple, de 20 mètres dans la direction d'une visée (déplacement très fréquent dans les levés dont il s'agit ici) la différence de niveau est faussée de 5 mètres, si l'inclinaison de cette visée est de 25 p. 100. Cette erreur prend souvent une allure systématique. Aussi faut-il s'attendre à ce qu'une incertitude de plusieurs mètres plane sur les altitudes déduites de distances mesurées graphiquement. Les mesures trigonométriques précises permettent *seules* de réduire l'erreur d'altitude au-dessous de 1 mètre.

(2) Il ne faudrait pas, d'ailleurs, attribuer aux *moyennes* une vertu qu'elles n'ont pas et qu'elles ne sauraient avoir. Ainsi la convergence vers une valeur limite, produite par l'adjonction, à une moyenne précédente, de résultats de plus en plus nombreux, n'est nullement une preuve de l'exactitude de cette valeur, mais seulement une conséquence nécessaire du procédé employé pour l'obtenir et de la loi de répartition des erreurs accidentelles.

II. — Calculs du nivellement barométrique.

Causes d'erreur de la méthode barométrique et moyens de les atténuer (1).

Les erreurs de la méthode de nivellement barométrique ont deux origines distinctes : les unes sont dues aux imperfections de l'instrument, les autres proviennent de l'ignorance où l'on est du véritable état des couches atmosphériques dans l'intervalle nivelé ; nous allons les passer en revue très brièvement.

1° *Imperfections de l'instrument.* — Grâce au dispositif amplificateur, l'aiguille traduit fidèlement toutes les imperfections de l'instrument.

Les frottements du mécanisme maintiennent l'aiguille toujours un peu en deçà de la position d'équilibre où elle devrait arriver : c'est la *paresse* de l'aiguille qu'on détruit en grande partie en frappant sur le verre quelques coups légers.

Le *temps perdu* dans le mécanisme produit l'*indécision* de l'aiguille qui s'arrête indifféremment, sous l'influence de ces petits chocs, en plusieurs positions voisines.

Ces deux causes d'erreurs sont extrêmement réduites dans les instruments soignés.

Il n'en est pas de même du *retard* de l'aiguille ; ce défaut est la manifestation amplifiée d'un phénomène moléculaire qu'on peut assimiler à une *élasticité imparfaite* du métal soumis à des flexions alternatives (2) et

---

(1) Nous avons déjà cité la remarquable *Étude sur la précision des nivellements topographiques et barométriques*, publiée par le colonel Goulier dans l'*Annuaire du Club alpin français pour* 1879.

(2) Ce phénomène, assez complexe, a été l'objet d'une étude intéressante de M. Labatut, parue en deux articles dans l'*Annuaire*, pour

qui pourrait être défini : une *obéissance tardive* du métal aux forces qui provoquent sa déformation, doublée d'une *persistance* de cette déformation après que l'action de ces forces a cessé.

La conséquence est que l'aiguille du baromètre, marchant dans un certain sens sous l'influence d'une variation de pression, occupera, à chaque instant, une position *en retard* par rapport à celle qu'elle devrait occuper; si la pression cesse de varier, l'aiguille continuera son mouvement pendant un certain temps ; si la pression repasse par les mêmes valeurs en sens inverse, les nouvelles positions de l'aiguille ne coïncideront pas avec les premières, et enfin, elle ne reviendra qu'à la longue au point de départ. Tel est le phénomène qui se produit pendant l'opération de la graduation ou du réglage de l'instrument sous la cloche pneumatique.

L'intensité du retard dépend donc à la fois, et du mode de préparation des métaux qui constituent les parties élastiques du mécanisme, et de la manière dont le constructeur a fait varier la pression lorsqu'il a établi ou vérifié les divisions du cadran.

Si les conditions du laboratoire se reproduisaient toujours identiquement les mêmes sur le terrain, les effets du retard seraient en grande partie annulés; mais il n'en sera pas ainsi à beaucoup près, la vitesse avec laquelle varie la pression étant, dans ce cas, très différente de ce qu'elle est dans l'atelier du constructeur.

1898, de la *Société des Touristes du Dauphiné*; l'auteur signale et étudie ce double phénomène auquel il applique les dénominations d'*hystérésis* (par analogie avec le phénomène magnétique connu) et de *viscosité de flexion*.

On comprend donc qu'il soit difficile de corriger les effets d'un phénomène aussi complexe ; toutefois, comme les causes en sont principalement d'ordre mécanique, elles peuvent être fortement atténuées par l'habileté du constructeur et les soins apportés à la fabrication (1). Enfin, il convient d'ajouter que la méthode d'*interpolation* que nous recommandons d'appliquer au nivellement barométrique, atténue beaucoup non seulement les erreurs dues au retard, mais encore toutes celles qui sont sensiblement proportionnelles à la différence de niveau.

Il resterait encore à tenir compte de l'influence de la température sur les pièces mêmes du mécanisme ; mais les bons baromètres sont aujourd'hui suffisamment *compensés* par construction (c'est-à-dire rendus insensibles aux variations de température), du moins dans de certaines limites, pour qu'on puisse négliger cette influence, en prenant toutefois les précautions déjà indiquées pour éviter aux instruments des transitions brusques de température.

2° *Incertitudes sur l'état de l'atmosphère.* — Lorsque les observations correspondantes ne sont pas faites simultanément, la variation de pression à la station de départ est inconnue. Toutefois, si l'on a eu soin de relever en cette station, par des observations suivies, la forme de la courbe de variation diurne, on peut en déduire les modifications à faire subir à la pression

---

(1) « Cette différence [entre les retards observés sur différents instruments] qui tient probablement en grande partie à la trempe du ressort, montre que l'on pourra restreindre cette cause d'erreur par des soins particuliers donnés à la fabrication. » (Colonel GOULIER, *Étude sur la précision des nivellements topographiques et barométriques*, p. 628.)

initiale, aux époques correspondantes à celles des observations de l'itinéraire. A défaut de ce renseignement,
on peut encore obtenir les variations de la pression au
moyen des observations barométriques fournies par
les observatoires météorologiques situés à proximité de
la région d'opérations (1).

Il est presque superflu d'ajouter que les pressions
ainsi *supposées* n'auront quelque valeur que si la variation de pression suit une marche normale, et qu'*il n'y
a rien à espérer d'observations faites pendant une période
de troubles atmosphériques.*

Une autre cause d'erreur très importante de la
méthode barométrique est l'incertitude qui règne sur
les températures vraies des couches d'air interposées
entre les deux stations. Lorsqu'on applique, au moyen
de la formule de Laplace, le procédé de calcul usuel dit
« exact » ou « correct », on substitue, à ces températures
inconnues, la *moyenne arithmétique* des températures
observées aux deux stations. Or *rien n'est plus inexact
que cette hypothèse*, comme on peut s'en convaincre
aisément en examinant avec attention les résultats
obtenus par l'application de ce procédé à une série
d'observations horaires faites entre deux observatoires
peu distants, mais présentant entre eux une grande
différence de niveau (2). Aussi notre conclusion, à
laquelle nous attachons une importance capitale, est
que : *Il est bien préférable de substituer aux tempéra-*

(1) Voir ci-après, p. 139.
(2) C'est ce qui résulte très nettement des nombreuses constatations
que notre collaborateur, Joseph Vallot, et nous-même avons faites,
notamment entre Chamonix et le Mont Blanc, stations placées précisément dans les conditions où se trouveront fréquemment les
stations alpines : vallée encaissée et sommets élevés.

lures observées aux stations celles que l'on déduit de l'hypo-
thèse d'une décroissance linéaire de la température avec
l'altitude, à partir d'une température moyenne hypothé-
tique au niveau de la mer, les valeurs numériques étant
choisies, bien entendu, pour une région déterminée et
en rapport avec la saison.

On remarquera que c'est précisément cette hypothèse
qui sert de base à la graduation des *cadrans orométriques
et altimétriques* ; aussi ne craignons-nous pas d'affirmer
que, *toutes choses égales d'ailleurs*, ces cadrans donne-
ront, en moyenne, des résultats plus rapprochés de la
vérité que ceux que l'on aurait obtenus par l'application, aux pressions observées, du calcul habituel, avec
la correction de température qui résulterait des lectures thermométriques aux deux stations. Quant à
l'*erreur maxima*, nous avons trouvé, comme l'avait déjà
remarqué incidemment le colonel Goulier, qu'elle peut
être réduite au quart (1).

Il n'est pas impossible, d'ailleurs, de tenir compte par
une correction convenable sur les différences de niveau
déduites des lectures orométriques, de l'influence due au
mois de l'année et à l'heure du jour. C'est ce qu'a tenté
le colonel Goulier en établissant son troisième tableau
(page 658) ; mais les observatoires choisis comme base
de son étude (Genève et le Grand Saint-Bernard) ne rem-
plissent pas les conditions qui permettraient de généra-
liser les corrections déduites de cette comparaison (2).

(1) *Étude sur la précision des nivellements topographiques et barométriques*, p. 655.

(2) Les observations barométriques faites dans un col sont toujours
suspectes ; d'autre part, notre collaborateur, Joseph Vallot, a montré
que l'installation des thermomètres au Grand Saint-Bernard était
défectueuse.

Cette étude devrait être reprise en multipliant les groupes de deux stations conjuguées, d'altitudes très différentes, et aussi peu distantes que possible.

Utilisation des observations barométriques ambulantes.

Le seul procédé qui nous paraisse mériter d'être recommandé pour l'utilisation des observations barométriques recueillies dans un itinéraire est celui de l'*interpolation entre des altitudes connues*. Ce que l'on cherche ici, en effet, ce ne sont point, comme dans les voyages d'exploration en pays inconnus, des cotes destinées à renseigner plus ou moins grossièrement sur les altitudes des stations d'un itinéraire, mais au contraire des cotes de *remplissage* qui doivent aider à la définition du relief, dans l'intervalle des points déterminés par des procédés plus précis.

L'avantage de l'interpolation est de corriger dans une certaine mesure l'erreur due à l'absence de simultanéité des observations, ainsi que celle due à l'ignorance de la température qu'il conviendrait d'attribuer à la couche d'air interposée entre les diverses stations. L'interpolation annule même en grande partie l'erreur due au retard de l'instrument, mais seulement *à la condition de s'astreindre à n'interpoler les cotes barométriques que dans une section d'itinéraire montant ou descendant d'une façon continue*; cette obligation élimine, comme insuffisant, le procédé de vérification par fermeture sur le point de départ; il suit encore de là que les cotes de tous les points hauts et de tous les points bas importants d'un profil doivent être demandées au nivellement topographique ordinaire; en conséquence, *on ne devra jamais compter sur le baromètre pour déterminer avec quelque certitude l'altitude d'un sommet ou d'un passage en col, pas plus que celle de la traversée d'une vallée profonde*; cette affirmation, si singulière qu'elle puisse paraître au premier abord, est cependant une conséquence logique des considérations que nous avons présentées sur l'influence du retard instrumental; elle réduit au rôle secondaire de *cotes de remplissage* celles qui peuvent être demandées à la méthode barométrique (1).

Correction des altitudes par interpolation.

Le procédé de correction le plus rationnel consiste à répartir, proportionnellement au temps écoulé depuis le point de départ, la différence constatée entre la valeur connue et la valeur déduite des observations pour le point d'arrivée (2). En opérant graphiquement, la correction variera donc suivant les ordonnées d'une

(1) Le colonel Prudent a calculé et publié dans divers volumes de l'*Annuaire du Club alpin français*, un grand nombre de *relevés hypsométriques* résultant d'observations faites au baromètre par des membres du Club; ces relevés ont été, autant que possible, calculés par interpolation entre des altitudes plus certaines.

Voici comment s'exprime l'auteur, dont la compétence en cette matière est bien connue, dans un article sur les *Picos de Europa*, publié dans l'*Annuaire* de 1893 par MM. le comte de Saint-Saud et Paul Labrouche (Voy. p. 171) : « Quelque soin que l'on apporte aux observations barométriques ou à celles obtenues par le thermomètre à ébullition, qui sont très proches parentes des premières, leurs résultats ne sauraient entrer en ligne de compte avec ceux que donnent les visées de triangulation. Aussi, avons-nous souvent exposé, dans l'*Annuaire* même, que nous ne les utilisons qu'à condition de les encadrer entre des altitudes plus certaines; elles ne sont pour nous qu'un pis aller. » Il est à peine nécessaire d'ajouter que nous nous associons pleinement à cette conclusion.

(2) Colonel Goulier, *Étude citée*, page 615.

ligne droite. Ce que nous disons du point de départ et du point d'arrivée s'applique évidemment à deux stations quelconques d'un itinéraire dont les altitudes sont connues ; on peut donc considérer cet itinéraire comme fractionné en plusieurs sections, ayant chacune leur *droite d'interpolation* particulière.

Lorsqu'une station comporte un arrêt prolongé, on obtient deux corrections, l'une à l'arrivée, l'autre au départ ; si l'altitude de la station est connue, on ramène, par des corrections convenables, les deux observations au résultat connu ; si cette altitude est inconnue, l'interpolation fournit deux résultats dont on prend la moyenne.

Nous donnons (fig. 36 et 37) deux exemples d'interpolation se rapportant aux deux tableaux d'observations VI et VII, pages 170 et 171, dont il sera question dans le paragraphe suivant.

Dans le premier cas, l'itinéraire se ferme sur deux points d'altitude connue ; on connaît également celle de deux points sur le parcours, dont l'un est celui où a lieu l'arrêt prolongé.

Dans le second cas, il y a retour au point de départ dont l'altitude est connue, ainsi que celle d'un point intermédiaire.

L'établissement de ces graphiques est très simple : on porte horizontalement les heures, et verticalement, au-dessus ou au-dessous de l'axe zéro, les corrections avec leurs signes, c'est-à-dire le nombre de mètres qu'il faut ajouter ou retrancher aux altitudes observées pour obtenir, soit les altitudes vraies des points connus, soit celles calculées pour les points inconnus. Pratiquement, on se sert d'un papier quadrillé sur lequel les graphiques, tracés au crayon, peuvent être effacés au fur et à mesure qu'ils ont été transcrits. Le millimètre peut représenter un mètre, ainsi qu'une partie aliquote de l'heure (5 ou 10 minutes).

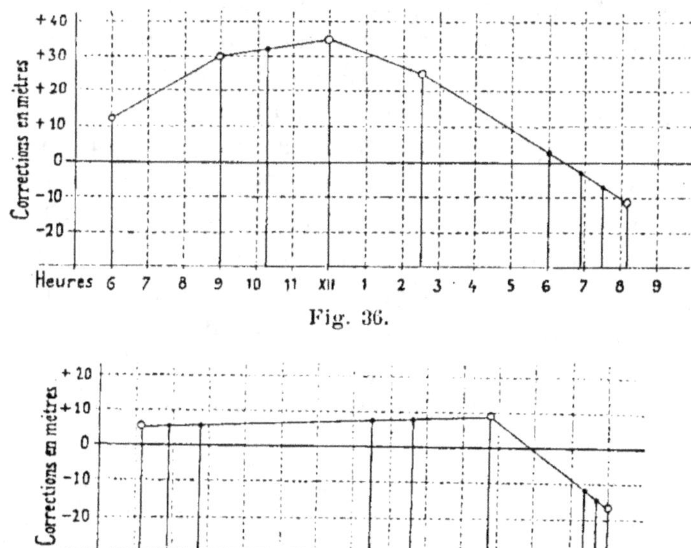

Fig. 36.

Fig. 37.

Correction nécessitée par la variation barométrique diurne.

L'interpolation précédente n'est correcte que si la pression à la station de départ n'a pas varié, ou du moins a varié d'une façon régulière, c'est-à-dire proportionnellement au temps écoulé (1) ; l'erreur que l'on

(1) Colonel GOULIER, *Étude citée*, page 616.

commet en admettant cette hypothèse est, en général, minime, lorsque les observations aux deux stations d'altitudes connues ne sont distantes que d'un petit nombre d'heures ; c'est ce qui arrive pour les itinéraires qui sont fréquemment bridés sur des cotes certaines, conditions que l'on doit toujours chercher à remplir. Mais lorsque les interpolations doivent porter sur une durée plus longue, par exemple sur une journée entière, ou même sur plusieurs jours, il est alors indispensable de tenir compte *par une correction préalable*, comme nous allons l'indiquer, de la *variation diurne* du baromètre, soit en s'appuyant sur des observations spéciales faites à la station de départ, soit, à défaut, en utilisant celles que l'on pourra se procurer dans les observatoires de la région (1); encore faut-il ajouter que les altitudes ainsi obtenues n'auront pas la valeur de celles fréquemment bridées.

Premier procédé, par correction sur les pressions lues. — Supposons d'abord le cas le plus simple où l'on connaît, pour toute la durée de l'itinéraire, la variation barométrique diurne à la station de départ; il est facile d'en conclure la pression que marquait le baromètre fixe à l'instant de chacune des observations ambulantes. Voici alors comment l'on peut, *sans calcul*, en déduire l'altitude de chacune de ces stations (2). On utilise pour cela les cadrans mêmes du baromètre altimétrique (3),

(1) Colonel GOULIER, *Étude citée*, p. 614 à 617.
(2) Ce procédé est celui adopté par le colonel Prudent.
(3) Pour rendre cette opération plus aisée et la lecture plus facile, le colonel Prudent a fait reproduire photographiquement, en les amplifiant, sur deux cadrans de zinc dont l'un est fixe et l'autre mobile autour d'un centre commun, les deux graduations, en pressions et en altitudes, des cadrans d'un baromètre altimétrique ordinaire.

on tourne le cadran mobile de façon à mettre l'altitude connue du point de départ en regard de la pression que, d'après la courbe diurne, le baromètre fixe devait y marquer au même instant; on n'a plus alors qu'à lire sur le cadran mobile le nombre orométrique correspondant à la pression observée à la station où se trouve l'observateur, ce qui donne une première valeur approchée de son altitude. Si l'on ne possède pas les courbes de variations diurnes de la station de départ, on tâchera de se procurer celles d'un observatoire situé dans la région et l'on opérera comme il vient d'être dit, en faisant jouer à cet observatoire le rôle de point de départ. Si les pressions données par l'observatoire sont réduites au niveau de la mer, on les mettra en regard de l'altitude zéro.

On obtient ainsi pour toutes les stations, *même pour celles d'altitude connue*, une suite d'altitudes provisoires.

On applique ensuite le procédé d'interpolation exposé ci-dessus, de façon à ramener à leurs valeurs vraies les altitudes connues, d'où résultent pour tous les points intermédiaires des altitudes corrigées.

On peut répéter les mêmes calculs pour plusieurs observatoires, dans le cas où ils existent dans la région, et prendre pour chaque station la moyenne des résultats ainsi obtenus.

Enfin, si ces observatoires sont trop éloignés de la région où l'on opère pour qu'on puisse légitimement s'en servir comme de stations correspondantes, on pourra tout au moins établir, par des observations suivies faites à la station qui sert de point d'attache à l'opérateur, la *forme* de la courbe diurne *normale* en cette station (fig. 38) ; on s'en servira ensuite comme si elle représentait les variations réelles le jour de l'observation.

Dans les *itinéraires de reconnaissance* qui, presque toujours, précèdent les levés à l'éclimètre, les altitudes connues font souvent défaut ; on tâchera alors d'obtenir,

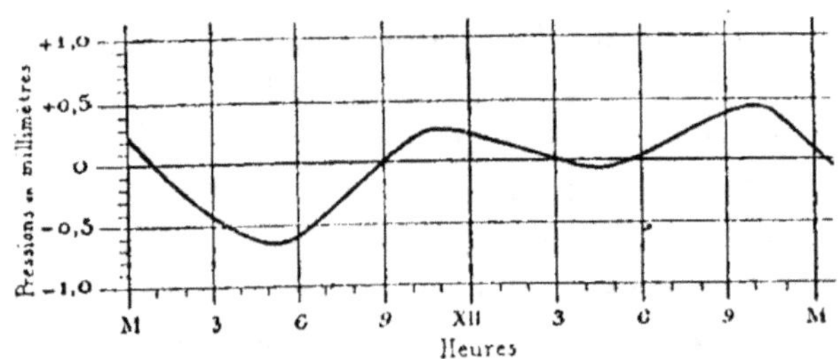

Fig. 38.

pour les points importants, plusieurs cotes par la réitération des mesures barométriques ; lorsqu'on aura pu déterminer ainsi les cotes de ces points, on leur fera jouer le rôle d'altitudes connues et elles serviront à modifier, par une nouvelle interpolation, les autres altitudes des itinéraires qui se croisent en ces points.

On agira de même lorsque, à la suite des levés à l'éclimètre, certaines altitudes auront été fixées avec précision. Il résulte de là que les nivellements barométriques, *même ceux de reconnaissance,* pourront toujours être utilisés, *pourvu,* bien entendu, *qu'ils aient été faits avec le soin et les précautions voulus.*

Nous donnons (tableau VI, page 170) un exemple de calcul des corrections et interpolations d'un itinéraire, suivant un type à peu de chose près conforme à celui établi par le colonel Prudent, pour le calcul des observations barométriques ambulantes dans les Pyrénées (1).

Les calculs se font sur des feuilles du format 21×31, divisées, en hauteur, en huit cases à chacune desquelles correspond un lieu d'observation ou une station. La colonne : *Interpolations* doit être assez large pour contenir tous les calculs d'essai. On note dans la colonne : *Remarques* les diverses circonstances des observations; on y inscrit également, avec une mention indicative, les altitudes résultant de la moyenne de plusieurs résultats précédents.

C'est à cet exemple que se rapporte le graphique d'interpolation de la figure 36.

Deuxième procédé, par correction sur les nombres altimétriques lus. — Les cadrans altimétriques étant aujourd'hui de plus en plus répandus, il convient de remarquer que l'on peut effectuer les corrections dues à la variation diurne *directement* sur les nombres altimétriques qui ont été lus sur le terrain en même temps que les pressions. Dans ce cas, au lieu d'établir pour la station de départ une courbe des variations de pression (fig. 38), on établira une courbe des variations correspondantes de hauteur en mètres (fig. 39), qu'on obtiendra aisément soit comme *transformée* de la première, soit en lisant les variations *diurnes* de l'aiguille sur le

____

(1) Cet itinéraire est dû à M. de Saint-Saud; mais, pour adapter cet exemple aux considérations développées dans notre texte (*Utilisation des observations barométriques ambulantes*, p. 135) l'altitude du refuge de Tuquerouye a été supposée connue, et admise égale à la moyenne arrondie des trois résultats : 2666 (Wallon), 2675 (Schrader), et 2650 (de Saint-Saud). Les nombres de la colonne : *lectures corrigées*, sont fournis par la courbe d'erreur de graduation propre à l'instrument. Les lectures orométriques n'ont pas été indiquées.

cadran altimétrique, au lieu de les lire sur celui des pressions (1).

Cette courbe, il est utile de le remarquer, peut être considérée comme représentant les variations diurnes que subirait l'altitude *fictive* de la station de départ, qui, *pour les calculs barométriques*, devrait être substituée à l'altitude réelle. Pour faciliter l'usage de la courbe

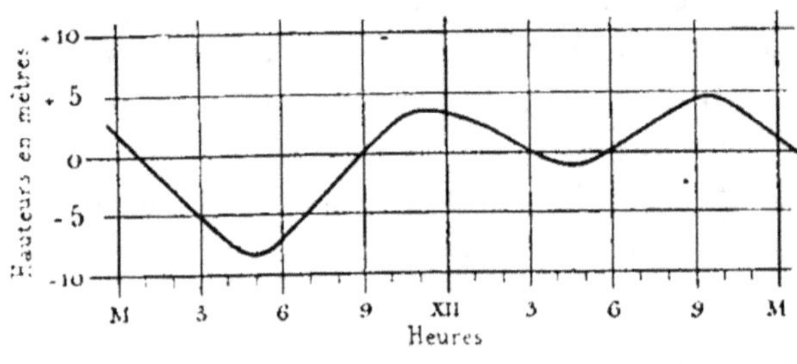

Fig. 39.

choisie comme exemple (fig. 39), on en a renversé le sens, de sorte qu'en comptant positivement les variations au-dessus de l'axe moyen et négativement celles au-dessous, on aura par une simple lecture, et avec

(1) Pour faire cette transformation, on se souviendra que les altitudes croissent quand les pressions décroissent, et l'on fera usage du tableau comparatif ci-dessous :

Nombre de mètres de hauteur correspondant à une variation de 1 millimètre de mercure :

| 10,5 | 11 | 12 | 13 | 14 | 15 |

Pression à la station de départ :

| 760 | 726 | 666 | 615 | 571 | 533 |

Altitude de la station de départ :

| 0 | 420 | 1 120 | 1 790 | 2 400 | 2 950 |

Cette manière de tenir compte de la variation diurne est celle adoptée dans le *Manuel de l'Explorateur* de E. BLIM et M. ROLLET DE L'ISLE (Gauthier-Villars, 1899).

leur signe, les corrections à appliquer aux altitudes lues à n'importe quelle heure du jour ; ainsi, dans le cas de la figure 39, il faudra retrancher 7 mètres à une altitude lue à six heures du matin, tandis qu'il faudra ajouter 3 mètres à celle lue à une heure de l'après-midi.

Nous donnons (tableau VII, page 171) un exemple de calcul des corrections et interpolations conforme au type que nous employons d'habitude et tiré de nos observations (1) ; la lecture des pressions ne sert que comme contrôle ; les corrections se font sur les lectures altimétriques ; c'est à cet exemple que se rapporte le graphique d'interpolation de la figure 37.

(1) Dans nos opérations de la Carte du Mont Blanc, le baromètre n'intervient pas comme instrument de mesure, les altitudes étant toutes, sans exception, obtenues par des opérations de nivellement topographique. Nos observations barométriques n'ont d'autre but que de vérifier les résultats fournis par les instruments, et d'étudier la méthode barométrique par des comparaisons nombreuses avec les altitudes précises.

CHAPITRE VI

RÉDACTION DES LEVÉS

I. — Rédaction des levés entièrement exécutés sur le terrain.

La rédaction se réduit, dans ce cas, à une simple mise au net et à l'encre du dessin exécuté au crayon sur les planchettes. Ce dessin devra être complètement arrêté sur le terrain, afin que l'opérateur n'ait aucune hésitation dans la représentation définitive des détails planimétriques et dans le tracé des courbes horizontales.

Il arrivera souvent en haute montagne et sur les pentes raides, que ces courbes n'auront pas été toutes représentées; par exemple, si le levé est à l'échelle du 20000ᵉ, on aura figuré, sur le terrain, les courbes de 100 en 100 mètres; alors on intercalera, en se laissant guider par la continuité des formes, les quatre courbes intermédiaires et on renforcera le trait des premières qui sont dites *courbes maîtresses* (1).

Pour le figuré des parties rocheuses, qui ne sera généralement qu'ébauché sur le terrain, on s'aidera avantageusement de vues photographiques.

Les traces des opérations géométriques faites sur le

(1) C'est, du moins, l'usage adopté sur les cartes françaises. Sur la Carte suisse, les courbes maîtresses sont figurées par des traits interrompus; il serait logique de renforcer légèrement ce trait de façon à compenser sa discontinuité et à ramener l'ensemble de la teinte à peu près à la même valeur.

10

terrain devront, autant que possible, être conservées, mais elles restent au crayon (1).

Les altitudes en mètres étant presque toujours représentées par des nombres de quatre chiffres, on n'inscrit ces nombres en entier que pour les points ayant quelque importance; pour tous les autres points dont le but est seulement d'aider à la définition du relief, on n'inscrit que les deux derniers chiffres à droite; ces cotes disparaîtraient d'ailleurs, dans le cas où le levé serait publié et ferait partie d'une carte d'ensemble.

La rédaction de la minute sera faite en observant les *conventions du dessin topographique*, exposées dans la plupart des ouvrages de topographie.

Dans la représentation des lacs, on proscrira le filé des eaux, et on lui substituera les hachures horizontales. A notre avis et à l'exemple de la Carte suisse, le trait doit être fait entièrement à l'encre de Chine, pour toute la planimétrie ainsi que pour le dessin du rocher; en bleu pour les eaux et les glaciers, et en bistre ou terre de Sienne brûlée pour les courbes de niveau (2).

II. — RÉDACTION DES LEVÉS PAR ENREGISTREMENT GRAPHIQUE.

Les *feuilles de stations* (ou *tours d'horizon*) restent dans l'état où elles ont été recueillies sur le terrain, sans mise à l'encre et sans addition d'aucune sorte. Il est fait un *calque* de chacune d'elles; il faut avoir soin dans cette opération de tracer les traits de tire-ligne

---

(1) On pourrait utilement conserver la trace de ces opérations au moyen d'un calque.

(2) Sur la Carte suisse, ces courbes sont même tracées en noir lorsqu'elles s'appliquent à des terrains non susceptibles de végétation.

non exactement sur les traits de crayon qui ne passent pas rigoureusement par le centre, mais bien parallèlement à ceux-ci pour corriger le décentrement (1). Dans le cas où une désorientation se serait produite à un moment donné sur le terrain dans le tour d'horizon, et aurait été ensuite reconnue (2), on répartira les visées en deux groupes : celles qui précèdent et celles qui suivent ce moment ; on calquera ces deux groupes séparément en faisant, entre les deux, tourner le calque de la quantité nécessaire pour rétablir son orientation exacte.

On numérote ensuite les visées de chaque tour d'horizon suivant une série continue, partant, par exemple, du Nord et tournant vers la droite ; ces numéros correspondent à ceux qui figurent dans le *registre des calculs*. Chaque calque porte le nom de la station correspondante.

Supposons d'abord qu'il s'agisse d'une *station de position connue ;* on fait coïncider le centre du calque avec cette position marquée sur la feuille du canevas et on l'oriente, au moyen des rayons correspondants, sur tous les signaux qui peuvent être utilisés comme *points de départ*. On arrête alors le calque avec un presse-papier, et on amorce, sur la circonférence d'un cercle concentrique à la station, tracé sur la feuille du canevas, les rayons correspondant à toutes les visées ; chacun d'eux est accompagné de son numéro.

On opère de même pour les stations successives de position connue et l'on peut ensuite tracer, dans la

(1) Le colonel Prudent signale comme très pratique, pour l'exécution des constructions graphiques, l'emploi du *carmin*, qui a l'avantage de s'effacer très aisément par le chlore.
(2) Voy. chap. IV, *Tours d'horizon à la planchette*, p. 82.

région utile, les directions issues de ces diverses stations et correspondant à un même point à fixer par intersection ; on commence, naturellement, par les stations du canevas ; chacune de ces directions est accompagnée du numéro de la visée correspondante et de la désignation très abrégée (par exemple par les initiales) de la station d'où elle est issue. Pour arrêter la position du point cherché, on prend le centre du *polygone d'erreur* formé par ces directions ; il convient de rappeler que la position de ce point sera d'autant mieux assurée que les intersections se feront sous des angles convenables et que le polygone d'erreur sera plus réduit.

Les altitudes sont calculées au fur et à mesure, et la concordance des résultats obtenus constitue, dans une certaine mesure, une vérification de l'exactitude de la position des points.

Supposons maintenant qu'il s'agisse d'une *station de position inconnue* ; c'est le problème du *relèvement* qui se résout ici très simplement (1) ; on promène le papier calque sur la feuille de canevas, jusqu'à ce que les rayons correspondant aux signaux de relèvement arrivent à passer tous également bien par les projections de ces signaux ; alors on pique le centre du cercle qui fixe la position de la station. L'exactitude de cette position dépendra, et de l'angle sous lequel se couperaient les segments capables s'ils avaient été tracés, et de la précision avec laquelle les diverses directions de relèvement passent par les points correspondants.

Après les stations, on fixe les *points intersectés*, qui

(1) Voy. chap. IV, *Relèvement sur trois points. Procédé du papier à calquer*, p. 76.

complètent l'ensemble du canevas dans les mailles duquel il faut insérer les détails et le figuré obtenus à l'aide soit des fragments de levés exécutés par stations isolées, soit des itinéraires déclinés, soit des perspectives dessinées ou photographiques.

Les itinéraires insérés entre des points connus doivent, avant d'être rapportés sur la mappe, subir une compensation ayant pour but d'établir la coïncidence exacte des points identiques du canevas et de l'itinéraire.

Les *restitutions* déduites des perspectives photographiques seront, autant que possible, construites régulièrement, d'après le procédé indiqué au paragraphe suivant.

Lorsqu'on a obtenu cette sorte de *canevas* constitué par des points de détail en nombre suffisant pour bien définir la planimétrie et le relief, on figure le terrain en traçant d'abord ses lignes caractéristiques : thalwegs, lignes de faîtes, etc. (1), dont le tracé est jalonné par des points de détail judicieusement choisis ; puis en s'appuyant sur ce tracé et en s'aidant, soit des fragments de levés pour les parties qui avoisinent les stations isolées ou celles d'itinéraires, soit des épreuves photographiques pour les autres parties ; on essaie de reconstituer les formes orographiques et d'en bien saisir l'enchaînement (2) ; enfin on représente ces formes, soit par des courbes de niveau continues si les éléments dont on dispose sont suffisants (3), soit, dans le cas

(1) Voir chap. IV, *Levé des détails et figuré du terrain*, p. 79.

(2) Il est bien évident que l'exécution de ce travail assez délicat exige une initiation préalable et une connaissance suffisante des formes du terrain en général.

(3) On peut citer comme exemple de rédaction à grande échelle, basée uniquement sur des documents de la nature de ceux dont il s'agit ici, la *carte-esquisse* des Lacs occidentaux du Néouvielle,

contraire, par des fragments de courbes, qui ne sont alors assujettis à aucune équidistance régulière et qui doivent simplement satisfaire à la double condition, d'avoir à peu près la même allure que les horizontales du terrain, et de donner, par leur plus ou moins de rapprochement *et même d'épaisseur*, la sensation du relief; dans ce cas, c'est beaucoup plus une représentation à l'effet qu'une définition géométrique; on peut la rendre plus saisissante encore en superposant, par un estompage au crayon, un léger sentiment de lumière oblique à l'effet de lumière zénithale produit naturellement par les courbes de niveau (1). Si les éléments dont on dispose pour le figuré sont trop insuffisants, les lacunes devront être comblées par de nouvelles investigations sur le terrain.

III. — Rédaction des levés photographiques.

Nous ne pouvons, dans cette courte étude, que rappeler sommairement les principes sur lesquels repose la *restitution* des perspectives photographiques; il sera nécessaire, pour la pratique de cette opération, de recourir aux ouvrages spéciaux (2).

dressée au 25000e, par le colonel Prudent, avec les éléments fournis par le comte de Saint-Saud et par M. Léon Maury (*Annuaire du Club alpin français de* 1901, p. 240), et, faisant suite à la précédente, la carte-esquisse de la Haute-Vallée de la Liza, dressée au 25000e par M. L. Maury, d'après les relevés de MM. de Saint-Saud et Maury (*Ann. C. A. F. de* 1902, p. 248).

(1) Consulter, comme exemple, le *Canevas-esquisse des Picos de Europa*, construit par le colonel Prudent, d'après les levés de MM. de Saint-Saud et Labrouche, et les documents communiqués par le colonel Coello (*Ann. C. A. F.*, 1893).

(2) Consulter notamment : *Recherches sur les instruments, les méthodes et le dessin topographiques*, par le colonel Laussedat, t. II, 1re partie. Nous préparons une notice spéciale sur ce sujet.

Nous avons dit que les stations photographiques sont préalablement fixées puis rapportées sur la feuille de constructions ou minute. On choisit ensuite, parmi les épreuves photographiques, celles qui se rapportent à la région à représenter. Sur chacune d'elles, on marque d'abord (1) les points connus de position et d'altitude, que nous appelons, pour abréger, les *signaux* ; il convient qu'il y en ait au moins trois par épreuve et que les extrêmes soient, sur cette épreuve, aussi éloignés que possible l'un de l'autre et le troisième voisin du milieu. Ensuite on choisit et on marque sur deux épreuves prises de stations différentes, mais représentant les mêmes parties de la région étudiée, les *points de détail* qui doivent servir de guide pour la représentation planimétrique et pour le figuré du relief ; ces points doivent être bien *identifiés*, c'est-à-dire que les images choisies sur les deux épreuves doivent bien se rapporter au même objet. On généralise ce travail en étendant cette recherche à toutes les épreuves, et en tâchant que chaque point, auquel on affecte une notation ou un numéro particulier, soit représenté sur trois d'entre elles, au moins.

On trace ensuite sur chaque épreuve une *ligne d'horizon* provisoire sur laquelle on projette les différents points marqués sur l'épreuve ; on relève ces projections sur le bord d'une *bande de papier* (2), qu'on transporte

(1) L'emploi de la couleur vermillon est celui qui convient le mieux pour les tracés à faire sur la surface du papier photographique.

(2) On simplifie et on abrège le travail en ne traçant pas les *projetantes*, mais en promenant horizontalement sur l'épreuve la bande de papier, de manière qu'un trait de repère, qui la traverse par le milieu, se meuve constamment sur la *verticale principale* de l'épreuve tracée par le point principal (voir plus loin) perpendiculairement à la ligne d'horizon.

sur la minute (fig. 40), de manière que les petits traits *a*, *b*, *c*, de la bande, correspondant à différents signaux A, B, C, viennent se placer bien exactement sur les droites OA, OB, OC, qui, sur la minute, réunissent la station à ces mêmes si-

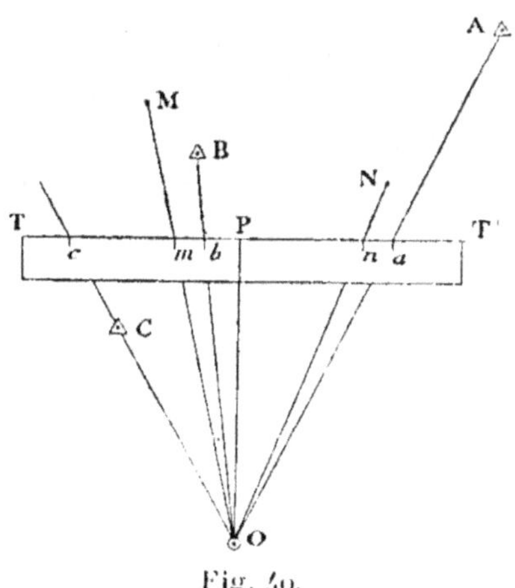

Fig. 40.

gnaux. On ne trouve pas toujours trois signaux dont les directions soient aussi favorablement disposées et la position de la trace T T' resterait indécise ; alors on se donnera la position du point principal P, qu'on supposera placé sur la ligne d'horizon, à peu près au milieu de la largeur de l'épreuve, hypothèse admissible avec les chambres noires bien montées, et dans lesquelles on ne fait pas usage d'un décentrement horizontal de l'objectif. On sait d'ailleurs que cette position n'a pas besoin d'être précisée avec une très grande rigueur pour l'exactitude des constructions graphiques subséquentes.

A ce moment, le bord TT' de la bande marque la trace du plan de l'épreuve (ou de la perspective) sur la feuille de constructions et la perpendiculaire OP détermine par sa longueur la *distance focale effective* convenant à cette épreuve.

On pourrait croire que, dans les appareils à foyer constant ou à mise au point automatique sur l'infini, la

distance focale est constante pour tous les clichés, et
pour toutes les épreuves ; mais il n'en est rien, à cause
des différences d'épaisseur des châssis et surtout à cause
de l'influence variable qu'exercent sur le papier l'im-
mersion dans les bains et le séchage des épreuves. Toutefois les bons papiers photographiques (1) donnent des
images qui peuvent être considérées comme *géométri-
quement semblables* à celles du cliché.

Le point P, reporté sur la ligne d'horizon, marque le
point principal
de l'épreuve.
On peut alors,
dans cette posi-
tion de la bande
de papier, tra-
cer sur la mi-
nute toutes les
directions tel-
les que OM, ON,
correspondant
aux traits m, n,
de la bande
(fig. 40).

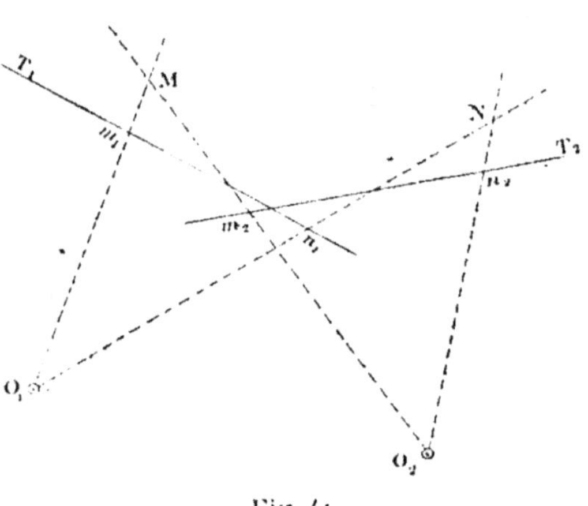

Fig. 41.

Si l'on répète les mêmes constructions pour deux
épreuves dont les traces sont T_1 et T_2 correspondant
aux stations O_1 et O_2 on obtiendra, par l'intersection
des droites O_1 m_1 et O_2 m_2, O_1 n_1 et O_2 n_2, les points
M, N, etc. (fig. 41). Le procédé photographique n'est
donc autre chose qu'un mode particulier d'application
du *procédé d'intersection*.

____

(1) Par exemple, le papier « Lumière » au citrate d'argent.

Il faut maintenant calculer les *différences de niveau* des différents points par rapport à l'horizon de la station. Considérons (fig. 42) une épreuve que nous supposons placée dans la situation de ce qu'on appelle le *tableau* en perspective.

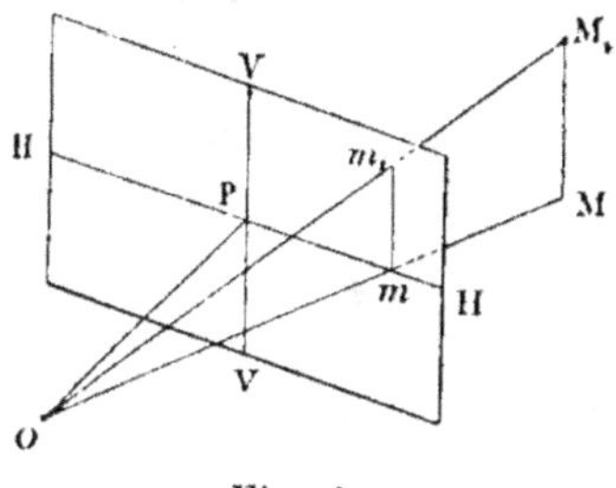

Fig. 42.

O est le *centre* de l'objectif; OP, la *distance focale*; P, le *point principal*, placé à l'intersection de la *ligne d'horizon* HH et de la *verticale principale* VV. Le plan OHH est le plan horizontal de la station sur lequel sont supposés projetés les différents points du terrain *réduit à l'échelle*; considérons un de ces points M_1 projeté en M; la différence de niveau cherchée est représentée *à l'échelle du levé* par MM_1; d'autre part, la distance horizontale OM peut se mesurer sur la minute, *à l'échelle du levé*; on peut y mesurer également, *en millimètres*, la longueur Om, et de même, sur l'épreuve, la hauteur mm_1; on a alors la proportion : $\dfrac{MM_1}{OM} = \dfrac{mm_1}{Om}$, d'où l'on tire : MM_1 (1).

De cette relation, on peut aussi tirer mm_1, connaissant MM_1; c'est ce que l'on fera tout d'abord pour les *signaux* représentés sur l'épreuve, et dont on connaît les différences de niveau par rapport à la station; on déterminera de cette manière la position *exacte* de la ligne

---

(1) Plusieurs moyens ont été proposés et sont employés pour déterminer graphiquement ou mécaniquement le quatrième terme de cette proportion ; nous nous sommes jusqu'ici contenté du calcul à la règle logarithmique.

d'horizon (1) ; on pourra alors, soit la tracer à nouveau, soit tenir compte, par une correction, de l'erreur de collimation qui en résulte. De toute façon on sera en mesure de calculer exactement les différences de niveau, par rapport à la station, de tous les points de détail, et par suite leurs altitudes (2). On rentre alors, pour la représentation du terrain et le figuré du relief, dans le cas précédemment examiné.

On voudra bien remarquer que toutes les constructions graphiques qui précèdent peuvent s'exécuter *sans faire intervenir ni les angles azimutaux, ni les angles zénithaux* (c'est là, d'ailleurs, un avantage marqué résultant de l'emploi des perspectives sur tableau plan vertical) ; cependant, dans certains cas, il est utile de pouvoir lire ces angles sur un cliché ou une épreuve, notam-ment pour reporter sur cette épreuve des mesures gonio-métriques obtenues

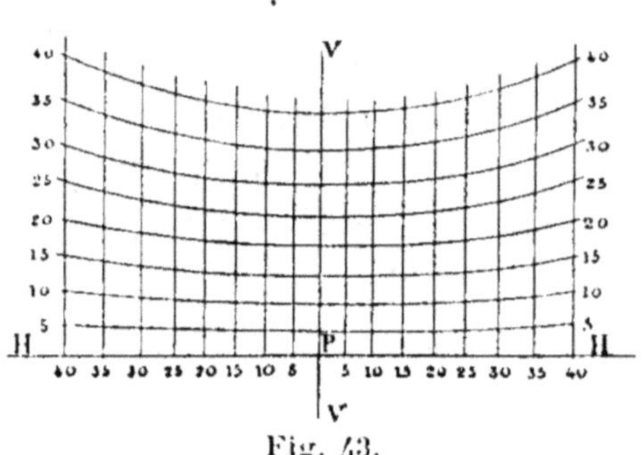

Fig. 43.

avec d'autres instruments, ou encore pour intercaler, à l'aide de l'épreuve, dans les *tours d'horizon*, des mesures angulaires entre celles fournies par la règle à

(1) Cette correction apportée à la ligne d'horizon n'aura pas d'influence appréciable sur l'exactitude des opérations graphiques antérieures, et notamment sur la recherche de la distance focale, à condition que l'appareil photographique satisfasse aux conditions précédemment énoncées (p. 35) et que la nouvelle ligne d'horizon soit à peu près parallèle à la première.

(2) On tiendra compte, s'il y a lieu, de la correction du niveau apparent.

éclimètre. On établit alors, sur papier transparent, un
réseau (1) rapporté à deux axes rectangulaires HH, VV,
que l'on superpose à la ligne d'horizon et à la verticale
principale de l'épreuve (fig. 43). Les lignes d'égal angle
zénithal sont représentées par des hyperboles; les

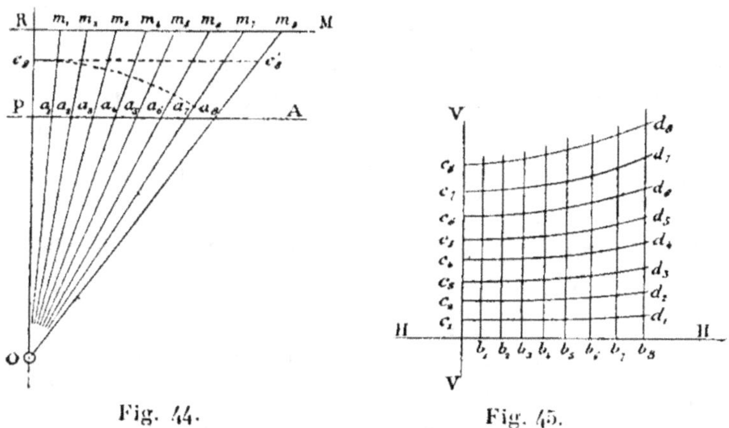

Fig. 44.   Fig. 45.

lignes correspondant aux plans azimutaux successifs
sont des verticales; les écartements de ces lignes,
comptés suivant les axes, sont proportionnels aux tangentes des angles. On superpose ce réseau à l'épreuve,
soit au-dessus, soit (en le retournant) au-dessous de la
ligne d'horizon suivant le cas, et on y lit directement
les angles azimutaux et zénithaux.

Voici le moyen indiqué par le colonel Prudent pour
la construction de ce réseau (fig. 44). OR étant une longueur arbitraire prise comme unité, on porte sur RM,
perpendiculaire à OR, les tangentes Rm_1 Rm_2 Rm_3...

<hr>

(1) Désigné sous le nom de *réseau perspectif* ou *perspectomètre* par
le colonel LAUSSEDAT. *Recherches*, etc..., t. II, 2ᵉ partie, p. 89.

(correspondant à cette unité) des angles à accroissements égaux ROm_1 ROm_2 ROm_3...

Puis, OP étant la distance focale moyenne de l'objectif dans les conditions où il est employé, on mène PA perpendiculaire à OR, ce qui détermine les points a_1 a_2 a_3...

Sur le papier transparent qui doit servir de *cherche* (fig. 45), on trace les deux axes rectangulaires HH et VV, et l'on reporte sur chacun d'eux, en Pb_1 Pb_2 Pb_3... Pc_1 Pc_2 Pc_3... les longueurs Pa_1 Pa_2 Pa_3... précédemment déterminées, et proportionnelles aux tangentes des angles.

Les verticales b_1 b_2 b_3... correspondent alors aux angles azimutaux successifs.

Les courbes c_1d_1 c_2d_2 c_3d_3..., correspondant aux angles zénithaux, se tracent par leurs points de rencontre avec ces verticales; ainsi, les points de division d_1 d_2 d_3..., situés sur la verticale b_3, se prendront (fig. 44) sur la tangente e_8e_8' obtenue en reportant, au moyen d'un arc de cercle, la longueur Oa_8 en Oe_8; et ainsi de suite pour les autres verticales.

IV. — DE LA « DISPOSITION » DANS LES LEVÉS RÉDIGÉS ET LES CARTES.

Inscription des noms sur les cartes (1).

Les *écritures* sont une des parties les plus importantes d'une carte, et il est indispensable de les y porter avec la plus grande clarté; elles doivent être abso-

(1) La rédaction de ce paragraphe et du suivant est due au colonel Prudent.

lument lisibles, et « disposées » (comme disent les cartographes de métier), de manière à ne laisser aucun
doute sur celui des objets représentés auquel elles se
rapportent. Sur une carte détaillée, comme notre
80000ᵉ, cette condition demande, pour être convenablement remplie, une grande expérience.

Dans la pratique actuelle, les noms qui se rapportent
à un objet isolé, de peu d'étendue, se placent, sauf empê-
chement, à la droite et près de cet objet, et un peu plus
haut que lui, sur une ligne horizontale ; pour un objet
d'étendue suffisante, un grand lac, par exemple, une
chaîne ou un chaînon de montagne, le nom, étiré si
c'est nécessaire, se dispose à l'intérieur du contour de
l'objet et dans le sens de sa plus grande dimension ; mais
dès que cette inscription ne peut se faire sans déborder
le contour, le nom doit être placé à l'extérieur.

Pour les lignes de grande étendue, les rivières, les
routes diverses, etc., le nom, disposé parallèlement à
ces lignes, doit être répété autant de fois qu'il est nécessaire ; et, pour un cours d'eau par exemple, de manière
qu'il n'y ait aucun doute sur sa source et sur son
embouchure.

On doit éviter absolument (quitte à ouvrir les mots
si c'est nécessaire), la superposition des noms avec les
lignes de la planimétrie ou avec les parties trop foncées
du dessin de l'orographie.

Les cotes d'altitudes s'inscrivent horizontalement et
toujours *à côté des points* auxquels elles se rapportent,
et non, comme le font à tort quelques cartographes, à
la suite du nom de ces objets.

Le long d'une crête chargée en détails, les noms des
cols, et quelquefois même ceux des sommets, pourront,

à titre exceptionnel, être inscrits dans une direction normale ou presque normale à celle de la crête; la même remarque s'applique à l'inscription des cotes.

Différents genres d'écritures.

Il est très désirable que l'on puisse, par le genre de l'écriture, distinguer la nature de l'objet désigné : par exemple, distinguer les noms de l'orographie de ceux qui se rapportent aux localités, ou de ceux de l'hydrographie...; l'emploi de couleurs différentes est séduisant au premier abord, mais l'expérience montre qu'il offre de graves inconvénients, notamment à cause de superpositions inévitables, surtout dans les cartes imprimées. Il est donc de rigueur que toute « la lettre » soit *noire*. Cet emploi de genres différents d'écritures, préconisé par certains ingénieurs géographes du siècle dernier, n'a pas été suffisamment pratiqué dans notre Carte au 80000ᵉ, où le caractère *classique* est exclusivement employé; on y a suppléé, il est vrai, en accompagnant les noms d'initiales ou d'abréviations significatives : R (Rivière), M (Mont), etc. Mais on peut constater cet emploi d'écritures variées dans plusieurs cartes topographiques étrangères (les autrichiennes et les italiennes, par exemple, où la lettre de l'orographie est en écriture de ronde).

Il est recommandé d'employer le caractère *bâton* (1), pour tous les accidents du sol en relief ou en creux; les caractères seront *droits* dans le premier cas (montagnes

---

(1) Ce caractère a été adopté pour l'orographie dans la carte de France au 500 000ᵉ du *Dépôt des fortifications*, dans les *Atlas* Vivien de Saint-Martin et Schrader, etc.

sous leurs diverses appellations, caps, îles, etc.); *penchés* dans le second (dépressions, défilés et cols). On affectera la *capitale bâton* aux noms généraux, comme ceux des grandes chaînes de montagne, la *romaine bâton* aux sommets isolés et aux cols.

Le caractère *classique* est affecté aux lieux habités (villes, bourgs, villages, hameaux, constructions isolées), en employant, par ordre d'importance (classement administratif ou population), la *capitale droite*, la *romaine droite* ou l'*italique*.

Le même caractère, mais *penché*, convient pour les noms hydrographiques (lacs, fleuves, rivières, ruisseaux, torrents) en employant de même, par ordre d'importance, la *capitale penchée*, la *romaine penchée* ou l'*italique*.

Les noms des régions naturelles, de pays, de vallées, et même de « montagnes » (ce mot étant pris ici dans l'acception de surface agricole ou pâturage), seront écrits, suivant l'importance, en capitale penchée, ou romaine penchée, avec lettres *grisées* ou *pleines*; on pourra faire également un emploi judicieux des caractères *grêles*, comme, par exemple, l'*italique grêle*, affectée, sur la Carte suisse, à la désignation des vallons, combes, alpes, forêts et aussi des glaciers.

Les cotes seront, comme les écritures, inscrites en caractères droits s'il s'agit d'un relief, et penchés s'il s'agit d'une dépression; cette distinction est très utile pour faire reconnaître le genre des accidents qui ne sont représentés que par leur cote, et ne sont accompagnés d'aucun nom. Le caractère « bâton » peut être avantageusement employé pour l'inscription des cotes.

OROGRAPHIE

MASSIF DU PELVOUX
GRAND COMBIN
Mt Granier

Aïg du Chardonnet

Col du Bonhomme

LIEUX HABITÉS

CHAMBÉRY
ALBERTVILLE
BEAUFORT
Pralognan

la Bérarde

Pav^{on} de Bellevue

HYDROGRAPHIE

LAC D'ANNECY

ISÈRE

Arve

T^t du Bourgeat

RÉGIONS NATURELLES

MAURIENNE

Val Ferret

Vallée de Zinal

Glacier de Miage

Montagne de Pécloray

Signes conventionnels et figuratifs.

Les signes conventionnels ou figuratifs varient avec l'échelle de la carte (suivant que les objets peuvent y être représentés avec plus ou moins de détails) et aussi avec le genre de levé (canevas, esquisse, levé rédigé, ou enfin carte définitive); il est donc indispensable que chaque feuille contienne une *légende explicative* des signes employés. On trouvera, dans les traités de topographie déjà cités, ceux qui sont le plus généralement adoptés; cependant, afin d'introduire une certaine unité dans les travaux de topographie alpine, nous donnons ici la nomenclature de quelques signes qu'il serait désirable de voir adopter, et qui visent plus particulièrement les points du canevas.

- Point trigonométrique de position sûre faisant partie d'un réseau géodésique, ou d'une triangulation complémentaire régulière (1).
- Clocher servant de point trigonométrique.
- Point signalé, appartenant à un canevas précis de triangulation graphique.
- Station de détail à la planchette.
- Point intersecté régulièrement fixé.
- Point de remplissage.
- Clocher non trigonométrique; chapelle.
- Croix isolée.
- Pont fixe.
- Passerelle.
- Col, sur les cartes à petite échelle.

(1) Sur la minute, on pourra, s'il y a lieu, accompagner le triangle d'une initiale, avec explication dans la légende, indiquant la provenance de la triangulation.

TABLEAUX

I. — Longueur de la minute de parallèle et de la minute de méridien entre 47 et 57 grades de latitude. — Division centésimale. — Texte, page 62.

Ellipsoïde du Dépôt de la guerre.

Rayon équatorial : $a = 6.376.986^{m}$. — Aplatissement : $\alpha = \dfrac{1}{308.64}$.

LATITUDE.	MINUTE de PARALLÈLE	LATITUDE	MINUTE de PARALLÈLE	LATITUDE	MINUTE de PARALLÈLE
47,00 G	741,97	49,00 G	720,47	51,00 G	698,26
10	740,91	10	719,38	10	697,13
20	739,85	20	718,28	20	696,00
30	738,79	30	717,18	30	694,87
40	737,73	40	716,09	40	693,73
50	736,67	50	714,99	50	692,60
60	735,60	60	713,88	60	691,46
70	734,53	70	712,78	70	690,32
80	733,46	80	711,67	80	689,18
90	732,39	90	710,56	90	688,03
48,00 G	731,31	50,00 G	709,45	52,00 G	686,89
10	730,24	10	708,34	10	685,74
20	729,16	20	707,23	20	684,60
30	728,08	30	706,11	30	683,45
40	727,00	40	705,00	40	682,29
50	725,92	50	703,88	50	681,14
60	724,83	60	702,76	60	679,99
70	723,74	70	701,64	70	678,83
80	722,65	80	700,51	80	677.67
90	721,56	90	699,39	90	676,51
49,00 G	720,47	51,00 G	698,26	53,00 G	675,35

1 *bis*. — LONGUEUR DE LA MINUTE DE PARALLÈLE ET DE LA MINUTE DE MÉRIDIEN ENTRE 47 ET 57 GRADES DE LATITUDE. — DIVISION CENTÉSIMALE. — Texte, page 62.

Ellipsoïde du Dépôt de la guerre.

Rayon équatorial : $a = 6.376.986^{m}$. — Aplatissement : $\alpha = \dfrac{1}{308,64}$.

LATITUDE.	MINUTE de PARALLÈLE	LATITUDE	MINUTE de PARALLÈLE	LATITUDE	MINUTE de MÉRIDIEN
$53^{g},00$	675,35	$55^{g},00$	651,77	$47^{g},00$	999,60
10	674,19	10	650,57	48	999,76
20	673,02	20	649,38	49	999,91
30	671,85	30	648,18	50	1000,06
40	670,69	40	646,97	51	1000,22
				52	1000,37
50	669,52	50	645,77	53	1000,52
60	668,34	60	644,57	54	1000,67
70	667,17	70	643,36	55	1000,82
80	666,00	80	642,15	56	1000,98
90	664,82	90	640,95	57	1001,13
$54^{g},00$	663,64	$56^{g},00$	639,73		
10	662,46	10	638,52		
20	661,28	20	637,31		
30	660,10	30	636,09		
40	658,91	40	634,88		
50	657,73	50	633,66		
60	656,54	60	632,44		
70	655,35	70	631,22		
80	654,16	80	629,99		
90	652,96	90	628,77		
$55^{g},00$	651,77	$57^{g},00$	627,54		

II. — ABAQUE POUR LE CALCUL DES POIDS DANS LES NIVELLEMENTS TOPOGRAPHIQUES DES LEVÉS EXPÉDIÉS A ÉCHELLE MOYENNE. — Texte, page 116.

Distances en kilomètres

Inclinaisons et leurs compléments (en grades)

III. — TYPE DE CARNET D'OPÉRATIONS POUR LES LEVÉS A LA RÈGLE A ÉCLIMÈTRE. — Texte, page 117.

DÉSIGNATION des STATIONS.	NUMÉROS des points visés.	DISTANCES Inclin.	DISTANCES Horiz.	LECTURES ÉCLIMÈTRE.	H	CORRECTIONS Na	CORRECTIONS dT	dN	ALTITUDES DES STATIONS compensées.	ALTITUDES DES STATIONS déduites.	ALTITUDES DES POINTS VISÉS.	DÉSIGNATION DES POINTS VISÉS ET REMARQUES
1	2	3	4	5	6	7	8	9	10	11	12	13
Station au passage des Aiguillettes, sous les Chéserys.												28 juillet 1902 (après-midi, nuageux).
(a)			6400	3,30 33	+335,1	+2,8	+1,2	+339,1	1874.5	1874,3	2213,4	Col de Balme, hôtel, faîte du toit.
			6565	7,71 74	+802,1	+2,9	+1,2	+806,2		1875,8	2682,0	Grands Antannes, Sd, sommet.
			3200	92,05 09	—399,7	+0,7	+1,2	—397,8		1874,8	1477,0	Le Tour, clocher, boule.
			2050	84,60 63	—504,8	+0,3	+1,2	—503,3		1874,4	1371,1	Montroc, maison d'école, faîte toit.
			4930	0,50 53	+40,9	+1,7	+1,2	+43,8		1874,0	1917,8	Chalet de Charamillon, faîte toit.
Station au Planay de Bionnassay, perche du cadastre.												3 août 1900.
(b)	a		1125	8,90 91	+158,5	+0,1	+1,2	+159,8	1526,7		1686,5	Extrémité inf. du glacier de Bionnassay.
Station sur la rive gauche du torrent de Bionnassay.												9 août 1900.
	a		755	19,00 01	+232,0	0	+1,2	+233,2	1449,0		1682,2	Extrémité inf. du glacier de Bionnassay.
Station sur un rocher saillant, versant sud du Mont Lachat.												12 août 1900.
	a		860	82,30 31	—245,0	+0,1	+1,2	—243,7	1932,1		1688,4	Extrémité inf. du glacier de Bionnassay.
Station sur le sentier de la plaine de l'Arc.												12 août 1900.
	a		545	10,20 21	+88,0	0	+1,2	+89,2	1597,2		1886,4	Extrémité inf. du glacier de Bionnassay.
Station 3, sur le chemin au nord-est du hameau des Chozalets.												1er juillet 1902 (matin, beau temps).
(c)	2	152		96,86 90	—7,4				1229,5	1229,6	1222,2	St. AR. 2, bord de l'Arve.
			778	4,72 76	+56,0	0	+1,2	+57,2		1229,3	1286,5	Argentière, clocher, boule.
	4	120		2,95 99	+5,6						1235,1	St. AV. 4.
Station 4, sur le chemin, dans la prairie.												
	3	120		97,01 05	—5,6				1235,1	1235,1	1229,5	St. AR. 3.
	5	73		3,54 58	+4,1						1239,2	St. AV. 5.
	b	45		2,97 3,01	+2,1						1237,2	Pont de bois sur le canal de la scierie.
Station 5, près du chemin, dans la prairie.												
	4	74		96,36 40	—4,2				1239,3	1239,3	1235,1	St. AR. 4.
	6	72		6,28 32	+7,1						1246,4	St. AV. 6, passage entre les blocs.

IV. — TYPE DE CAHIER DE CALCULS DES NIVELLEMENTS TOPOGRAPHIQUES. — Texte, page 119.

NUMÉROS d'ordre.	POINTS VISÉS	ALTITUDE connue.	DISTANCE Kilom.	INCLINAISON Grades.	CALCULS	ALTITUDE calculée.	POIDS
				Station du Refuge Packe (2524^m).			
8 (a)	Pic du Midi.........	2877 Δ 1er ordre français.	12,56	1,68 moyenne. 3 visées.	+ 332 + 10 = + 342 Station = 2535		3
21 (a)	Pic Long...........	3194 Δ 2e ordre français	3,73	11,30 moyenne 3 visées	+ 669 + 1 = + 670 Station = 2524		1,8
				Station de Punta de Bue (1562^m).			
(b)	P^{ta} O. de Gabalo.....	1562	15,06	1,90	+ 450 + 15 = + 465	2027	0,9
(b)	San Roman de Ysun. (Village.)	1562	7,60	96,00	— 478 + 4 = — 474	1088	0,9
				Station du Puig d'Alp (2525^m) Δ 2e ordre français.			
5 (c)	Bolvir (centre)	1120	Calculée 7,10 (4)	87,42 corrigé 87,45	— 1418 + 3 = — 1415 (3) (2) (1)		
126 (d)	Campcardos.........	2914	21.2	1,01	+ 337 + 30 = + 367	2902 correction + 12^m = + 4	

V. — TYPE DE FICHE POUR LE CALCUL DES ALTITUDES MOYENNES. — Texte, page 114.

GABALO (ou Punta de ASIERRA).

OPÉRATEURS	NUMÉROS des visées.	STATIONS ou POINTS CONNUS	ALTITUDES	POIDS	PRODUITS	MOYENNES (2)
Saint-Saud...	23	De (1) Autoria.	2034 $\times$ 1,4 =		5,6	.
Wallon.......	30	De Autoria.	2036 $\times$ 1,4 =		8,4	.
—	25	De Buey.	2036 $\times$ 2,0 =		12,0	.
Schrader	40	De Polopin.	2050 $\times$ 2,4 =		48,0	.
—	7	De Buey (éclim.).	2044 $\times$ 1,8 =		25,2	2030 + 99,2 : 9 = 2041.0
—	»	— (orog.).	2033 $\times$ 1,8 =		5,4	.
—	6	De Buey n° 2 (écl.).	2052 $\times$ 2,0 =		44,0	.
Wallon.......	20	De Bue.	2027 $\times$ 0,9 =		— 2,7	.
—	21	De Burgase.	2045 $\times$ 0,9 =		13.5	.
—	61	De Vallerin.	2050 $\times$ 2,0 =		49.0	.
Schrader......	6	De Sistral.	2030 $\times$ 1,2 =		0,0	2030 + 199,4 : 17,8 = 2041,2

(1) On inscrit *sur* lorsque la fiche se rapporte à une station et qu'on vise un point d'altitude connue.

(2) La moyenne se fait sur l'appoint d'une altitude arbitraire jugée inférieure à celle à obtenir.

VI. — Modèle de calcul des observations barométriques ambulantes (1er procédé).
Texte, page 139.

DATES	HEURES	LIEUX D'OBSERVATIONS OU STATIONS	LECTURES barométriques		ALTITUDES PROVISOIRES	PRESSIONS baromètre fixe (1).	INTERPOLATION	ALTITUDES connues ou adoptées.	REMARQUES
			Brutes.	Corrigées					
Soir. 17 août 1894. Matin.	6.00	Gavarnie	654,9	653,8	1334	764,9	+ 12	1346	Altitude officielle.
	9.00	Brèche d'Allanz	575,0	575,1	2400	765,3	+ 30	2430	Moy. d'observations antérieures.
	10.15	Borne. base du glacier de Tuquerouye	574,6	574,6	2408	765,3	+ 32	2440	
	12.00	Refuge de Tuquerouye dit Lourde-Rocheblave	558,3	558,8	2630	765,5	+ 35	2665	Moy. provisoire Wallon, Schrader, de St-Saud.
	2.30	Id. Départ	557,9	558,4	2640	765,7	+ 25	2665	
	6.00	Pont de l'Ouriette	634,0	633,0	1617	765,9	+ 3	1620	
	6.55	Jonction des sentiers d'Estaubé et d'Iléas	648,2	647,1	1436	766,0	— 3	1433	
	7.30	Pont de la Gardette	659,2	658,1	1295	766,0	— 7	1288	
	8.10	Gèdres, pied de la tour et hôtel Palasset	681,7	680,4	1016	766,0	— 11	1005	Altitude officielle.

(1) Observatoire du Pic du Midi ; pressions réduites au niveau de la mer.

VII. — Modèle de calcul des observations barométriques ambulantes (2e procédé).
Texte, page 142.

DATES	HEURES	LIEUX D'OBSERVATIONS OU STATIONS	LECTURES barométriques.		NOMBRES ALTIM. CORRIGÉS (1).	INTERPOLATION		ALTITUDES connues ou calculées.	REMARQUES
			Pressions.	Nombres altim.					
Soir. 10 juillet 1903. Matin.	5.10	Trélechamp, hôtel............	645,0	1420	1412	+	5	1417	Nivellement général.
	5.55	Tête herbeuse à mi-côte.....	622,3	1716	1709	+	5	1714	
	6.45	Cabane de la Remuaz........	599,6	2022	2017	+	6	2023	
	11.30	Arrêt pour le repas..........	581,8	2270	2274	+	8	2082	
	12.35	Départ.....................	581,6	2272	2275	+	8	2083	
	12.45	Pied des éboulis des Aiguilles rouges....................	570,7	2425	2426	+	9	2435	Altitude connue.
	5.20	Cabane de la Remuaz........	598,9	2031	2031	—	11	2020	Moy. 2022.
	5.40	Tête herbeuse à mi-côte.....	621,1	1733	1733	—	14	1719	Moy. 1717.
	6.00	Trélechamp, hôtel............	644,1	1433	1435	—	17	1417	Nivellement général.

(1) De l'influence de la variation diurne.

10,313-03. — CORBEIL. Imprimerie Éd. CRÉTÉ.